Philipp Witkop

Frauen im Leben deutscher Dichter

Witkop, Philipp

Frauen im Leben deutscher Dichter

Reihe: *classic pages*

ISBN: 978-3-86741-516-3

Auflage: 1
Erscheinungsjahr: 2010
Erscheinungsort: Bremen, Deutschland

Europäischer Literaturverlag (www.europäischer-literaturverlag.de) ist ein Imprint der Europäischer Hochschulverlag GmbH & Co KG, Fahrenheitstr. 1, 28359 Bremen. Alle Rechte beim Verlag und bei den jeweiligen Lizenzgebern.

Bei diesem Titel handelt es sich um den Nachdruck eines historischen, lange vergriffenen Buches aus dem Jahr 1922, Leipzig. Da elektronische Druckvorlagen für diesen Titel nicht existieren, musste auf alte Vorlagen zurückgegriffen werden. Hieraus zwangsläufig resultierende Qualitätsverluste bitten wir zu entschuldigen.

Frauen
im Leben
deutscher Dichter

von

Philipp Witkop

1922

H. Haessel, Verlag / Leipzig

Meiner Frau zum zehnten Hochzeitstage

Vorwort

Ich habe Frauen gezeichnet, nicht wie sie in sich selber, sondern wie sie im Leben eines Dichters bedeutsam waren, wie sie einem Dichter, ein Dichter ihnen zum Schicksal wurde. In der Auswahl habe ich versucht, zu typischen Gestalten und Schicksalen vorzudringen.

Freiburg i. B. im Frühling 1922

Philipp Witkop

Inhalt

Die Mutter:

Elisabeth Goethe 11
Elisabetha Keller 25

Die Schwester:

Cornelia Goethe 45
Ulrike von Kleist 69

Die Gattin:

Christiane von Goethe . 91
Marianne Immermann 98
Christine Hebbel 122

Die Geliebte:

Friederike Brion 139
Ulrike von Levetzow .. 159
Heines Mouche 169
Hölderlins Diotima.... 181

Die Mutter

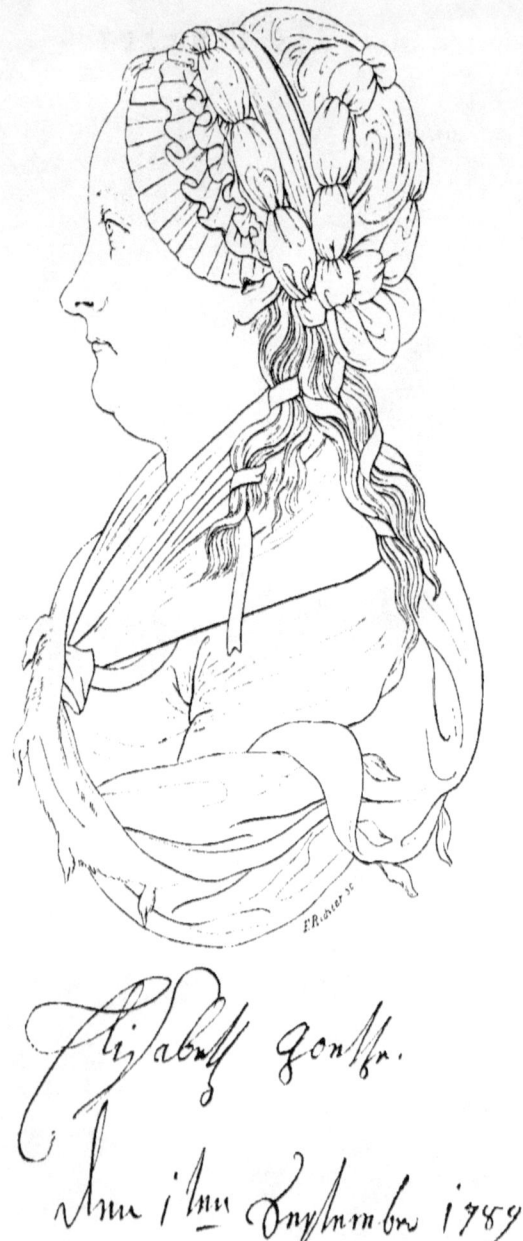

Elisabeth Goethe

Grundsätzlich wie im Einzelfall ist oftmals ausgesprochen, daß die künstlerische Begabung, zumal die künstlerische Phantasie von der Mutter vererbt wird. Und auch Goethe hat bekannt, daß er vom Mütterchen „die Lust, zu fabulieren" habe. Daß aber alles Außerordentliche in seinen letzten Tiefen unergründlich und weder durch Vererbung noch Erziehung voll erklärbar ist, blieb Goethes Mutter selber demütig bewußt. Ein Jahr vor ihrem Tode schrieb sie Goethe die wundervollen Worte: „Da nun ein großer theil deines Ruhmes und Rufens auf mich zurück fält, und die Menschen sich einbilden, ich hätte was zu dem großen Talendt beygetragen; so kommen sie denn um mich zu beschauen — da stelle ich denn mein Licht nicht unter den Scheffel sondern auf den Leuchter, versichere zwar die Menschen daß ich zu dem was dich zum großen Mann und Tichter gemacht hat nicht das aller mindeste beygetragen hätte |: denn das Lob das mir nicht gebühret nehme ich nie an :| zudem weiß ich ja gar wohl wem das Lob und der Dank gebührt, denn zu deiner Bildung in Mutterleibe da alles schon im Keim in dich gelegt wurde dazu habe ich wahrlich nichts getan — Vielleicht ein Gran Hirn mehr oder weniger und du wärstes ein gantz ordinerer Mensch geworden und wo nichts drinnen ist da kann nichts rauskommen — da erziehe du das können alle Philantropine in gantz Europia nicht geben — gute brauchbahre Menschen, ja das laße ich gelten hir ist aber die Rede vom außerordentlichen. Da hast du nun meine Liebe Frau Aja mit Fug und Recht Gott die Ehre gegeben."

Aber jenseits dieses letzten Geheimnisses ist doch niemals in deutscher Kunst der Blut- und Wesenszusammenhang zwischen Sohn und Mutter so lebendig deutlich geworden, wie bei Goethe und „Frau Aja" (so hörte sie sich gerne nennen nach der Mutter der Heymonskinder). Sie selber schreibt 1784 in einem Briefe an Fritz von Stein über die äußere Ähnlichkeit: „Viele behaupten, es wäre gar nicht zu verkennen, daß Goethe mein Sohn wäre." Auf die inneren Zusammenhänge weist eine nach der Aufführung des „Götz" in Frankfurt 1786 erschienene Kritik, die erzählt, daß das Stück „unter den Augen seiner vortrefflichen Mutter gegeben wurde, von der einer unserer beliebten Dichter und Philosophen [vermutlich Wieland] nach einer mit ihr gehabten Unterredung sagte: Nun begreife ich, wie Goethe der Mann geworden ist." Der spätere Großherzog von Mecklenburg, der zuerst als elfjähriger Quartiergast 1790 bei der Kaiserkrönung und noch zweimal 1805 und 1808 im Hause Frau Ajas weilte, nennt sie in einem Brief „die Frau, von der es mich nie gewundert hat, daß sie uns Goethe gebar". Selbst die ihr wesensfremde empfindsame Schriftstellerin Sophie von La Roche äußert 1780 zu Merck: „Mutterfreuden sind wohl unter den süßesten der Erde, und ich möchte sagen, daß vielleicht keine Mutter lebt, die diese Freuden so sehr verdient hat als Frau Goethe." So klingt denn auch aus Frau Ajas Worten selber Mutterjubel und Mutterstolz, wenn sie — wie die Schauspielerin Lunicke ihrem

Gatten Schütz erzählt — ein Goethesches Lied singt „und am Ende die rechte Hand auf die Brust legend, sagte: den hab ich geboren!"

In dieser lebensherrlichen Mütterlichkeit wächst sie über ihr Verhältnis zu Goethe hinaus: sie wird zum Bild der Mutter überhaupt, so wie man in Frankreich Napoleons I. Mutter schlechthin „la mère" nennt. „Liebe Mutter", schreibt ihr die Herzogin Anna Amalia und: „Mein Herz sagt mir, daß Frau Aja ... ewig die liebe, gute Mutter ist und bleiben wird", und sie selber schreibt an Bettina: „Du sollst mich Mutter heißen in Zukunft für alle Tage, die mein spätes Alter noch zählt, es ist ja doch der einzige Name, der mein Glück umfaßt." Alle Freunde ihres Sohnes umgreift und liebt sie in diesem „den Seel und Leib erfreuenden Mutter Nahmen": „außer denen Zwey die unter meinem Hertzen gelegen, habe ich das Glück noch viele Söhne und Töchter zu haben, als da sind, Wieland, von Knebel, von Kalb, Demoiselle Fahlmer, Delph, von Wreden usw."

„Dom Vater hab ich die Statur" — schreibt Goethe in seinem berühmten Vierzeiler — „Vom Mütterchen die Frohnatur." Frau Rat war — das ist das Entscheidende und Hinreißende — „eine Natur" im Goetheschen Sinne, ursprüngliche, überströmende, unerschöpfliche Lebenskraft. Noch ihr Enkel Nicolovius sagt von ihr: „Die Großmutter, deren reicher Lebensquell mir ein wahres Labsal ist ... ihr aufbrausender Lebensstrom reißt hin ... Ihr Alter ist weder an ihrem Geist noch an ihrem Körper merklich ... Wo sie erscheint, entspringt Leben und Freude." Noch ihre Greisen-Briefe atmen den Stil des jungen

Goethe, in dem alles wirbelt und flimmert vor Lebens- und Liebeslust. War sie — außer in Jung-Goetheschen Knittelversen — kein Dichter, so war sie doch eine durch und durch dichterische Natur. Innerst trifft sie das Wort Goethes im „Götz": „So fühl ich denn im Augenblick, was den Dichter macht: Ein volles, ganz von Einer Empfindung volles Herz."

Ohne Gelehrsamkeit, selbst die schlichteste, war sie aufgezogen, obwohl sie die Tochter des Stadtschultheißen, des höchsten städtischen Beamten, war. „Daß das Buchstabieren und Geradeschreiben nicht zu meinen sonstigen Talenten gehört", schreibt sie an Christiane, „müßt Ihr verzeihen — der Fehler lag am Schulmeister." Und dem neunjährigen Enkel August schreibt sie: „Auch schäme ich mich nicht zu bekennen, daß du mehr von diesen Sachen die von so großem Nutzen sind weißt als die Großmutter — wenn ich so gerne schriebe wie du, so könte ich dir erzählen wie elend die Kinder zu der Zeit meiner Jugend erzogen wurden." Der Kaiserliche Rat und Dr. jur. Johann Kaspar Goethe, dem sie — er war 38 — mit 17 Jahren vermählt wurde, suchte in seinem pädagogischen Eifer die Lücken eilends auszuflicken, erhielt sie in den ersten Jahren zum Schreiben, Klavierspielen, Singen und Erlernen der italienischen Sprache an. Aber sie brachte es weder zu einer ordentlichen Orthographie noch soweit, daß sie ein in Antiqua gedrucktes Buch leichthin lesen konnte. Alle gelehrten Frauen waren ihr peinlich. „Frau von Stael ist wie ich höre jetzt in Weimar" schreibt sie 1804 an Goethe, „mich hat sie gedrückt als wenn ich einen Mühlstein am Hals hangen hätte — ich ging Ihr überall aus dem Wege, und athmete freier da sie fort war. Was will die Frau mit mir?! Ich habe in meinem Leben kein a. b. c. buch geschrieben und auch in Zukunft wird mich mein Genius davor bewahren." Über alles Buchstaben= wissen und =wähnen drang sie in das innerste Leben der Welt und der Dichtung. „Während Gelehrte und Philo= sophen" — so erzählt Bettina, die junge Freundin ihres Alters, Goethe — „vor Deinem Werke müssen bestehen lernen, war sie das einzige Beispiel, wie Du aufzunehmen seist. Sie sagte mir oft einzelne Stellen aus deinen Büchern vor so zur rechten Zeit, so mit herrlichem Blick und Ton, daß in diesen meine Welt auch anfing leben= digere Farbe zu empfangen."

„Da mir Gott die Gnade getan" — schreibt sie 1770 —, „das meine Seele von Jugend auf keine Schnürbrust an= gekriegt hat, sondern daß Sie nach Herzens lust hat wachsen und gedeihen, Ihre Äste weit ausbreiten können usw. und nicht wie die Bäume in den langweiligen Zier Gärten zum Sonnenfächer ist verschnitten und ver= stümmelt worden; so fühle ich alles was wahr und gut und brav ist, mehr als vielleicht Tausend andre meines Geschlechts — und wenn ich im Sturm und Drang meines Herzens im Hamlet vor innerlichem Gefühl und Gewühl nach Luft und Odem schnappe, so kan eine andre die neben mir sitzt, mich angaffen, und sagen, es ist ja nicht wahr, sie spielens ja nur so — Nun eben dieses unver= fälschte und starke Nathur gefühl bewahrt meine Seele |: Gott sei ewig Dank :| vor Rost und Fäulniß." Noch die 76jährige empfindet, daß in Frankfurt „vielleicht keine 6 sind, die das Lebendige Gefühl vor das schöne haben wie ich und die sich so köstlich ammusieren." Bis zuletzt hat sie ihr Abonnement im Theater, dem sie zeitlebens leidenschaftlich verbunden ist, bis zuletzt deklamiert sie ihre Rollen im Lesekränzchen, „daß es eine Art und Schick hat", den Marquis Posa, den Antonio oder gar mehrere im selben Stück, „da wir nicht so viele Personen haben". In dieser Lebensüberfülle, die stets aufs neue an den jungen Goethe erinnert — sie ist der immersprudelnde, unerschöpfliche Quell, Goethe wird der klare, zielsichere Strom — blickt sie mit der ungeduldigen Geringschätzung der Stürmer und Dränger auf die große Menge, die „Fratzen und Affengesichter". „Da ist nun als ein Gekreische von unserm Jahrhundert, von erleuchten Zeiten u. s. w. und doch ist |: eine kleine Zahl ausgenommen die freylich das Salz der Erden sind :| bey denen Herrn und Damen alles so schal, so elend, so verschoben, so verschrumpft, daß sie kein stück Rindfleisch kauen und verdauen können — Milchbrey — gefrohrne sachen — Zuckerpletzger — hogout das ist ihr Labsal, freylich verderben sie sich den Magen dadurch immer mehr, aber wer kan helfen." Mit 76 Jahren lacht und höhnt sie über „die Menschen die um mich herum grabeln, den eigentlich Leben kan man ihr thun und laßen nicht nennen — da ist kein Fünkgen wo man nur ein Schwefelhöltzgen anzünden könte — sie spärren die Mäuler auf über jeden Gedanken der nicht im A. B. C. Buch steht".

Da sie selber das Leben ist, so glaubt sie an das Leben. Goethes schlichtestes und tiefstes Wort „Wie es auch sei das Leben, es ist gut", sein letzter Lebensdank „Ihr glücklichen Augen, was je ihr gesehn — Es sei, wie es wolle, es war doch so schön" umfaßt Mutter und Sohn. „Ach! Es gibt doch viele Freuden in unseres Lieben Herr Gotts seiner Welt! Nur muß man sich aufs suchen verstehn — sie finden sich gewiß — und das kleine ja nicht verschmähen — wie viele Freuden werden zertretten — weil die Menschen meist nur in die Höhe gucken — und was zu ihren Füßen liegt nicht achten." Weitet und vertieft sich Goethes Lebensglaube „von der ewigen Harmonie des Daseins" im Zusammenhang mit Spinoza und Leibniz zur bewußten, allumfassenden Weltanschauung, so entspringt er doch dem Lebensgefühl der Mutter, ihrer freudenhellen „inneren Zufriedenheit mit Gott, mit mir, und mit den übrigen Menschen". Ein Glaube an das Schicksal beseelt Frau Aja, der sich fraglos, vertrauensvoll an die Brust des Lebens schmiegt: „In keinem stück läßt sich das Schicksal in die Karte gucken, es spielt nur so sein Spiel im Verborgenen fort, und 1000 gegen 1 gewettet am Ende müßten wir doch gestehen, daß es das spiel aus dem grunde versteht. Wenn ich meine eigne Erfahrung zur Hand nehme, und denke, was ich alles, diesen punkt betreffend vor Narrens poßen gewünscht und nicht gewünscht, und wie wann es so gekommen wäre, die herrliche Epoche meines jetzigen Lebens gar nicht hätte erscheinen können, im gegentheil alles wäre verdorben und verhunzt geworden; so habe ich heilig geschworen, mich mit meinem Maulwurfs Gesicht in gar nichts mehr zu meliren, und zu mengen, es immer einen Tag dem andern sagen laßen, alle kleinen Freuden aufzuhaschen, aber sie ja nicht zu anatomiren — Mit einem Wort — täglich mehr in den Kindersinn hineingehn, denn das ist Summa Summarum doch das wahre, wozu mir dann Gott seine gnade verleihen wolle Amen."

Goethes lebens- und liebestiefes Wort an Ulrike von Levetzow klingt auf:

Nur wo du bist, sei alles immer kindlich,
So bist du alles, bist unüberwindlich!

Auch das Bibelwort klingt mit: „Wenn ihr nicht werdet wie die Kinder sind". Und die Bibel und ein ihr entsprungenes, kindlich-tiefes Gottvertrauen gaben dem Lebensglauben und Frohsinn der Frau Rat die innere Größe. „Der Glaube an Gott! Der macht mein Herz froh und mein Angesicht fröhlich." (1807.) „Er der große Helfer in allen Nöthen wird ferner sorgen, ich bin ruhig wie ein Kind an der Mutter Brust, den ich habe Glauben — Vertrauen — und feste Zuversicht auf Ihn — und niemand ist noch zu Schanden worden — der Ihm das Beste zugetraut hat." (1806.) Sie entstammt — während der Herr Rat dem Rationalismus entwächst — dem Pietismus, der ja auch in Speners Collegia pietatis von Frankfurt seinen Ausgang nahm. Er gibt ihr den sichren Lebens- und Weltzusammenhang, den „felsenfesten Glauben an Gott — an den Gott, der die Haare zehlet, dem kein Sperling fehlet — der nicht schläft noch schlummert, der nicht verreißt ist — der den Gedanken meines Herzens kent ehe er noch da ist — der mich hört, ohne daß ich nöthig habe mich mit messern und Pfriemen blutig zu rizen, der mit einem Wort die Liebe ist." Susanna von Klettenberg, die „schöne Seele" des Wilhelm Meister, und Lavater sind ihr in diesem Glauben verbunden. Auch Goethes tiefste Wurzeln reichen in ihn hinein (selbst seinen Stil hat die Bibel mitgebildet), wenngleich der persönliche Gottesbegriff sich ihm früh zu einem pantheistischen weitete. In diesem Glauben überwindet sie Zwiespalt, Leid und Tod. „Ein Freund" — so berichtet sie Lavater über die Sterbestunde der Klettenberg — „fragte sie: ‚Wie ihr beym Anblick des Todes zu Muthe sey?' ‚Ich bin so voll Seligkeit, daß die arme Hütte es nicht aushält, sie muß davon zerbrechen', sagte sie. Ich sagte aus meinem Lied: Hier ist nichts als die Todsgestalt und den Stachel hat er verlohren! Hallelujah." Dieses sichere Nahgefühl Gottes hilft ihr über den Tod der vier Kinder, die sie vor 1760 verliert, und 1777 über den Tod Cornelias. Es hilft ihr zu jener Menschen- und Lebensliebe und Heiterkeit, die sie in der Bibel wie in den Schriften ihres Sohnes wiederfindet. „Das ist recht und brav, daß Sie Sich den Winter in Ihrem häuslichem Circul als außer demselben Vergnügen machen" — schreibt sie an Christiane — „denn die heiligen Schriftsteller und die profanen muntern uns dazu auf, ein fröliges Hertz ist ein stetes wohlleben sagen die ersten — und fröligkeit ist die Mutter aller Tugenden steht im Götz von Berlichingen." „Hypocontrisch — der Teufel hole das verfluchte Wort, ich kans nicht einmahl schreiben" (1777). Selbst als Frankfurt seit der französischen Revolution in langen Jahren unter Kriegsnot, Einquartierung, Brandschatzung, Bombardement zu leiden hat, bleibt ihr tapferer Frohsinn unbeirrbar: „Unsere jetzige Lage ist in allem Betracht fatal und bedenklich — doch vor der Zeit sich grämen oder gar verzagen war nie meine Sache — auf Gott vertrauen — den gegenwärtigen Augenblick nutzen —

den Kopf nicht verliehren — sein eignes werthes Selbst vor Krankheit : denn so was wäre jetzt sehr zur Unzeit : zu bewahren — da dieses alles mir von jeher wohlbekommen ist, so will ich dabey bleiben. Da die meisten meiner Freunde Emigrirt sind — kein Comedienspiel ist — kein Mensch in den Gärten wohnt; so bin ich meist zu Hauße — da spiele ich Clavier ziehe alle Register pauke drauf los, daß man es auf der Hauptwache hören kan — leße alles untereinander Musencalender die Welt Geschichte von Voltäre — vergnüge mich an meiner schönen Aussicht — und so geht der gute und mindergute Tag doch vorbey."

Diese Lebensbejahung, die von außen gesehen der „Devise" der Frankfurter: „Leichtsinn und gutes Herz" (Frau Rat an Goethe 1808) verwandt scheint, ist wie auch Goethes große Bejahung nicht möglich ohne tiefe, selbstlose Liebe, ohne demütige Resignation. Auch Frau Rat gehört zu Goethes „Entsagenden". Und am ergreifendsten wird diese entsagende Liebe deutlich in ihrem Verhältnis zu Goethe selbst. An der Seite des wesensfremden, nüchternen Gatten, der ihr im Alter ferner stand als der Sohn, war Goethe früh der Inhalt ihres Lebens geworden. An seiner menschlichen und künstlerischen Entwickelung nahm sie mit Liebe, Jubel, Ehrfurcht teil. Und als sie sieht, daß Vaterhaus und Vaterstadt seinem Genius nicht genügen zur Entfaltung, da läßt sie ihn nach Weimar ziehen und bleibt zurück als Pflegerin eines kranken, schließlich stumpfsinnigen Gatten. Selbstlos glücklich über Goethes Glück schreibt sie an Salzmann: „Ich bin überzeugt Sie freuen Sich unserer Freuden, Sie, ein so alter

Freund und Bekannter vom Doktor, nehmen allen Antheil an seinem Glück, können als Menschenfreund fühlen, wenn der Psalmist sagt: Wohl dem, der Freude an seinen Kindern erlebt! — wie wohl das Eltern thun muß. Gott regiere ihn ferner und lasse ihn in den Weimarschen Landen viel Gutes stiften; ich bin überzeugt Sie sagen mit Uns: Amen." In entsagender und doch lebendigster Liebe steht sie abseits; sie klagt nicht über Goethes seltene Briefe, sie weiß, wie Leben, Amt und Dichtung ihn mit sich reißen: „Es würde Thorheit von mir seyn auf öfftere Briefe von dir Pretention zu machen — erfahre ich nur von Zeit zu Zeit etwas von deinem Wohlbefinden — seyse es durch wen es wolle so genügt es mir — und ich verlange nichts weiter." (1801.) Sie knüpft zu diesem Zweck Korrespondenzen an mit Goethes Diener Philipp Seidel, dem jungen Fritz von Stein, dem Enkel August, und ist selig, wenn sie auf diese Weise über ihren geliebten „Häschelhans" Nachricht erhält. Als Merck und andere Freunde 1781 gegen Weimar rechten: „das dortige infame Clima ist ihm gewiß nicht zuträglich — die Hauptsache hat er zu stande gebracht — der Herzog ist nun wie er sein soll, das andre Dreckwesen kann ein anderer tun, dazu ist Goethe zu gut", da denkt sie keinen Augenblick daran, sich ihnen anzuschließen, Goethe zuzureden und in ihre Einsamkeit zurückzurufen: „Dich ohne Noth aus deinem Würkungs-Kreis heraus reißen, wäre törig — du bist Herr von deinem Schicksahl — prüfe alles und erwähle das beste." Nur eine bescheidene Bitte wagt sich vor: „Freylich wäre es hübsch wenn du auf die Herbstmeße kommen könstes, und ich einmahl über all das mit dir reden könte." Aber auch sie tritt gleich wieder zurück: „doch auch das überlaß ich dir." Selten wie die Briefe waren auch die Besuche Goethes. Lange, lange Jahre, einmal vierzehn Jahre hintereinander (1779—1793) und wieder von 1793 bis zu ihrem Tode 1808, hielt ihn die Entwicklungsfülle und -unrast seines Lebens der Mutter fern. Kein Wort des Vorwurfs entgegnet ihm. Selbst das Wort der Sehnsucht unterdrückt sie, ihn nicht unruhig zu machen, selbstlos glücklich, wenn er glücklich war und seinem Werke lebte. Als Goethe heimlich nach Italien flieht und die Weimarer Freunde zürnen, weist sie ihre Vorwürfe zurück; „Ein Hungriger, der lange gefastet hat, wird an einer gutbesetzten Tafel, bis sein Hunger gestillt ist, weder an Vater noch Mutter, weder an Freund noch Geliebte denken, und niemand wird es ihm verargen können." Keiner hat wie sie sofort die Bedeutung der Italienischen Reise für Goethe erfaßt: „Jubeliren hätte ich vor Freude mögen, daß der Wunsch der von frühester Jugend an in deiner Seele lag, nun in Erfüllung gegangen ist. — Einen Menschen wie du bist, mit deinen Kenntnißen, mit dem reinen großen Blick vor alles was gut, groß und schön ist, der so ein Adlerauge hat, muß so eine Reiße auf sein ganzes übriges Leben vergnügt und glücklich machen — und nicht allein dich sondern alle die das Glück haben in deinem Wirkungskreiß zu Leben."

Und wie sie die Bedeutung der Italienischen Reise für Goethes Leben früher und tiefer erkannte als die Weimarer Freunde, so auch die Christianes. Nachdem Goethe ihr 1793 bei einem längeren Besuch wohl über Christiane

wärmere Aufklärung gegeben, schickt sie ihr Briefe und
Geschenke. In seltener Vorurteilslosigkeit spricht sie in
den Briefen an den Sohn von seinem „Liebgen", seinem
„Bettschatz", gratuliert sie „zum künftigen neuen Welt=
bürger — nur ärgert mich daß ich mein Enkelein nicht
darf ins Anzeigblättgen setzen laßen — und ein öffendlich
Freudenfest anstellen — doch da unter diesem Mond
nichts Vollkommenes anzutreffen ist, so tröste ich mich
damit, daß mein Häschelhans vergnügt und glücklicher
als in einer fatalen Ehe ist." Erst nach der Hochzeit
Goethes mit Christiane 1806 wird hinter dem aufat=
menden Glückwunsch etwas von der früheren Entsagung
merkbar. Und als Christiane 1807 zu Besuch kommt, da
erkennt, liebt und lobt sie die ganze warme Menschlichkeit,
die reine, schlichte Natur der „lieben, lieben Tochter".
„Ja wir waren sehr vergnügt und glücklich beyeinander!"
— schreibt sie an Goethe — „Du kanst Gott danken! So
ein Liebes — herrliches unverdorbenes Gottes Geschöpf
findet mann sehr selten — wie beruhigt bin ich jetzt : da
ich Sie genau kenne :| über alles was dich angeht."
Christiane, August, Fritz von Stein müssen mit ihren
Besuchen sie für Goethes seltenes Kommen entschädigen,
indes sie unermüdlich ihre Briefe und Geschenke nach
Weimar sendet. Wenn er aber erscheint, so findet er sie
„in ihrer alten Kraft und Liebe". Und aus dieser selbst=
losen Liebe strahlt ihre Kraft: „Ich werde von so vielen
Menschen geliebt, geehrt — gesucht, daß ich mir offte selbst
ein Räßel bin." Lenz, Klinger, Wieland, Lavater, der
Diener Philipp Seidel wie der Herzog Karl August, die
Schlosserschen Enkel und der „kleine Augst" wie die Her=

zogin Anna Amalia und die Königin Luise, alle erfahren ihres Wesens Gewalt, ihre Lebens- und Liebesfülle. Wie man weither nach Weimar reist, um einmal Goethe zu sehen, so geht kein Wissender durch Frankfurt, ohne Goethes Mutter seine Verehrung zu zeigen. Ein wahrhaft Goethesches Wort kann sie über ihr Leben setzen: „Ich habe die Gnade von Gott, daß noch keine Menschenseele mißvergnügt von mir weggegangen ist — weß Standes, alters und Geschlecht sie auch gewesen ist — Ich habe die Menschen sehr lieb."

Elisabetha Keller

Elisabetha Keller

Elisabeth Goethe ist die Mutter des genialen Lyrikers, der die Welt neuerschafft nach seinem Bilde, vor dem „das ganze Weltwesen liegt wie ein großer Steinbruch vor dem Baumeister, der nur dann den Namen verdient, wenn er aus den zufälligen Naturmassen ein in seinem Geiste entsprungenes Urbild zusammenstellt. Alles außer uns ist nur Element" (Wilh. Meisters Lehrjahre). So ist auch sie ein schöpferischer Lebensquell, der mit seiner Herzensfülle alles durchdringt. Elisabetha Keller (1787 bis 1864), geborene Scheuchzer, Tochter des Arztes und Bezirksrichters Scheuchzer in Glattfelden, ist die Mutter des Epikers, der jener sieghaften Sicherheit, jener Schöpfer- und Herrscher-Bestimmung des Lyrikers die tiefe Gerechtigkeit entgegenstellt, die das Recht der anderen zu ehrfürchtig fühlt, um das eigene selbstherrlich gegen sie durchzusetzen, des Epikers, der die Welt besitzt, indem er ihr entsagt, der nur Alles sein kann, weil er nicht Eins sein will, der sein Ich opfert für die Welt. Sein Wesen ist „die hingebende Liebe an alles Gewordene und Bestehende, welche das Recht und die Bedeutung jeglichen Dinges ehrt". „Die Welt ist innerlich ruhig und still, und so muß es auch der Mann sein, der sie verstehen und als ein wirkender Teil von ihr sie widerspiegeln will." Seine Bestimmung ist, „daß er sich eher leidend und zusehend verhalten und die Dinge an sich vorüberziehen lassen, als ihnen nachjagen soll". („Der grüne Heinrich.")

In diesem innersten Sinne war Elisabetha Keller die Wesensmutter des Epikers. Die eigentlich künstlerische Begabung erbte Keller vom Vater (der 1817 die 3½ Jahre älterere geehelicht), dem welterfahrenen, schwungvollen, kunstfertigen Drechslermeister, und mit ihr ein Teil unruhiger Subjektivität, den er erst in Kämpfen überwinden mußte. Die epische Richtung seiner Begabung, das epische Weltgefühl überkam ihm von der Mutter, die im schlichtesten, tiefsten, volkstümlichsten Sinne ein epischer Mensch war. „Hingebende Liebe" war auch ihr Wesenselement, „innerlich ruhig und still", „leidend und zusehend" ließ auch sie „die Dinge an sich vorübergehn". Auch sie opferte ihr Ich für die Welt, indem sie — nach siebenjähriger Ehe des Gatten und Ernährers beraubt — in unablässiger Sorge, Mühe und Entbehrung, in unablässiger, entsagender Liebe den Weg des Sohnes ebnete. Was Gottfried Keller im Bettagsmandat von 1863 seinem Volke kündet, was seine epische Grundüberzeugung deutet, das gilt auch von seiner Mutter: „Alles Edle und Große ist einfacher Art." „Schlichtheit und Ehrlichkeit", die er im „Grünen Heinrich" als das Wesen des Poetischen — seines Poetischen erkannt, waren auch ihr Wesen. Gerade, daß sie im Sohne nicht den Künstler begreift und liebt, sondern den Menschen, macht sie zum schlichten, reinen, zum epischen Typus: zur Menschen-, nicht zur Künstler-Mutter. Wie ja auch Kellers Lebensroman „Der grüne Heinrich" den Künstlerroman bewußt überwand und „um das ewige Literaturdichten zu umgehen", ausging „auf das reine Gefühl des Menschlichen, das, mit der Persönlichkeit oder individuellen Erfahrung ausgestattet, unter konkretes Menschentum (das vaterländische) tritt oder treten und nach den Gesetzen des Wahren und Einfachen wirken will" (an Hettner 5. 1. 1854).

Wie Frau Aja hatte auch Kellers Mutter sechs Kinder geboren, wie jener waren ihr vier davon frühzeitig gestorben, nur ein Knabe und Mädchen zurückgeblieben. Aber vor der Geburt des letzten schon war ihr der Gatte durch den Tod geraubt. Nur das Haus wurde aus der Erbmasse gerettet. Sein Mietzins mußte die Mutter mit den beiden Kindern ernähren, nachdem sie in — bald wieder gelöster — Ehe umsonst versucht, im ersten Gesellen des Gatten der Familie ein neues Haupt, dem Drechslergeschäft einen kundigen Wahrer und Leiter zu geben.

Da hauste sie nun in den engen Räumen, die sie für sich und die Ihren behalten, und rechnete und sparte und kämpfte den Kampf ums Brot, der in all seiner Kleinheit doch von heiliger Bedeutung ist. Und es ist von epischer, menschheitlicher Sinnkraft, wie sie Gottfried jene Ehrfurcht vor dem Brote lehrt, die ihn in dem Gedicht „Jung gewohnt, alt getan" im Kreise der Zecher wie der seinen Gesellschaft das entfallene Stück Brot unter dem Tisch wieder hervorholen heißt. Und es wird zu einem Höhepunkt des Romans, wie der grüne Heinrich in München, in seinem Ringen als Maler zurückgeworfen, erfolg- und aussichtslos, ermattet und hungernd „sehnlich und bitterlich seiner Mutter gedenkt." „Wie er aber an die Geberin seines Lebens dachte fiel ihm auch der höchste Schutzpatron und Obervictualienmeister seiner Mutter, der liebe Gott, ein, und da Not beten lehrt, so betete er ohne weiteres Zögern, und zwar zum erstenmal sozusagen in seinem Leben um das tägliche Brot."

So wächst die schlichte Gottesauffassung der Mutter, „welche mir Gott vorzüglich als den Erhalter und Ernährer jeglicher Kreatur anpries und als den Schöpfer unsres schmackhaften Hausbrotes darstellte, der Bitte gemäß: gib uns heute unser tägliches Brot!" (Gr. Heinrich), dem Epiker in jene Höhen, wo das Einfachste zum Symbol des Tiefsten wird. Und Keller darf von „ihrer religiösen Rechtlichkeit" und „ihrer ebenso religiösen Sparsamkeit" sprechen. Bei allem Vertrauen auf Gott als den „versorgenden und erhaltenden Vater" war es „für sie eine eigentliche Ehrensache, sich zuerst selber mit Hand und Fuß zu wehren. Denn ein doppelter Strick halte besser, und wenn auf Erden und im Himmel zugleich gesorgt würde, so könne es um so weniger fehlen."

Diese ordentliche Tüchtigkeit der Mutter wurde beunruhigend vor außerordentliche Entscheidungen gestellt, als man Gottfried wegen eines harmlosen Streiches mit fünfzehn Jahren aus der Industrie=Schule wies. Ihr fehlten die Mittel, ihm Privatlehrer zu halten oder ihn auf eine auswärtige Schule zu schicken. Und in treuer, epischer Familien=Verbundenheit fragte sie sich, was jetzt wohl der Vater bestimmen würde, wenn er noch lebte. Schließlich gab ihre mütterliche Liebe dem unklaren Herzenswunsch des Knaben, Maler zu werden, nach.

Damit begann der langwierige, kampf= und leidenreiche Umweg Kellers zu sich selbst, der ihn zwar erst zu seinen letzten Tiefen führte, der aber in seiner langen materiellen

Erfolglosigkeit die Mutter vor immer neue Mühen und Entbehrungen stellte.

Nicht ihr Verständnis, nur ihre Liebe und Sorge konnte den Sohn auf diesem unbürgerlichen, außerordentlichen Wege begleiten. Sie vermochte nicht zu beurteilen, ob seine Begabung genügte, ob seine Lehrer gut, seine Fortschritte wesentlich waren. Sie sah nur die jahrelangen Opfer und Kämpfe. „Täglich seufze und bete ich für Dich", schrieb sie ihm nach München. Der bescheidene „Gültbrief" aus dem Erbe von Kellers Großmutter war bald verbraucht, den ersten 150 Gulden war schnell der Rest von 86 Gulden gefolgt. Mütterliche Ersparnisse vermochten nur unzureichend zu helfen. Eines Tages wird die Mutter auf das Stadthaus berufen, um zu hören, daß die Münchener Polizei wegen der Schulden ihres Sohnes angefragt habe. Sprachlos erschrocken geht sie heim und entschließt sich, gegen ihre eingeborene, tapfer bewahrte Gewissenhaftigkeit und Sparsamkeit 300 Gulden auf ihr Haus zu leihen. „Mit nicht geringer Mühe und Umtrieb" bei Verwandten und Freunden gelingt es ihr. Und wie sie, der „jedes Guldenstück beinahe ein heiliges Symbolum des Schicksals war, wenn sie es in die Hand nahm, um es gegen Lebensbedürfnisse auszutauschen", die ungewohnten Geldrollen verpackt und verschickt, das ist wieder zu einem ergreifenden Höhepunkt des Grünen Heinrich geworden:

„Sie fügte die Taler zu Rollen und diese zu einem unförmlichen Pakete, umwand es mehrmals mit starkem Papier und dieses mit Schnüren, beträufelte es überall mit Siegellack und drückte das Petschaft darauf, alles sehr unkaufmännisch mit überflüssiger Mühe. Dann schob sie das schwere Paket in eine taftene Handtasche oder Ridikül, legte es auf den Arm und eilte auf Seitenwegen zur Post: denn sie wünschte nicht gesehen zu werden, weil sie nicht gesonnen war, zu antworten, wenn jemand sie befragt hätte, wo sie mit dem Gelde hin wolle. Mühselig und mit zitternder Hand streifte sie das seidene Säcklein von dem Geldkloben, reichte ihn durch das Schiebfensterchen und gab ihn mit einem Gefühle der Erleichterung aus der Hand. Der Beamte besah die Adresse, dann die Frau, machte seine umständlichen Verrichtungen, gab ihr den Empfangsschein, und sie begab sich, ohne sich umzuschauen, hinweg, als ob sie soviel Geld jemandem genommen anstatt gegeben hätte. Der linke Arm, auf dem sie die Last getragen, war steif und ermüdet, und so kehrte sie etwas angegriffen in ihre Behausung zurück, stillschweigend durch ein Gedränge von Leuten, welche keinen Gulden für ihre Kinder hergeben, ohne damit zu prahlen, zu lärmen, oder darüber zu jammern und zu klagen. Zu Hause fand die Mutter die Klappe des Schreibtisches noch geöffnet und die Schublädchen aufgezogen, die nun leer waren; sie schloß dieselben und öffnete beiläufig dasjenige, in welchem für ihr tägliches Bedürfnis ein unbeträchtliches Häuflein Münze in einem Schälchen lag und verkündigte, daß zunächst nun jede Wahl verschwunden war zwischen Gütlichtun uud weiterem Darben, und daß die gute Frau jetzt mit dem besten Willen sich keine guten Tage mehr hätte machen können. Allein das wurde von ihr weder bemerkt, noch kam es in Frage. Sie stieß auch dies Lädchen sogleich wieder zu, versorgte Schreibzeug und Siegellack, verschloß den Schrank und setzte sich auf das alte Sorgenstühlchen ohne Lehne, um von ihren Taten auszuruhen, aufrecht wie ein Tännlein."

Auch diese Gulden hielten nicht lange vor. Krankheit und Unglück verschlimmerten Kellers Lage. Umsonst vertröstet er sich und die Mutter auf den Erlös von Bildern, die er oft noch garnicht gemalt hat. Zugleich setzen die Zweifel ihrer Umgebung der Ratlosen zu: „Frau Dekan" — schreibt sie in rührender, scheufragender Sorge an Gottfried — „glaubt indessen auch nicht, daß Du ein ausgezeichneter Künstler geben könntest, sondern auch nur mittelmäßig." Tapfer und stolz verschließt sie ihr Weh vor den Menschen: „Wenn Leute mich fragen, wie es Dir geht, so weiß ich wenig zu sagen: ich behalte meinen Kummer für mich und denke, dieses sei nun mein Los; es werde wohl in diesem Leben mir nichts Besseres mehr zuteil werden." Aber in ruhlosen Nächten dunkeln die Sorgen durch ihre Träume: „Mir träumte, Du seiest heimgekommen in zerrissenen Kleidern und so mager und blaß, daß ich erschrak über Deinem fürchterlichen Aussehn. Trage doch Sorge und Ordnung für Deine Gesundheit und Kleider, daß ich nicht so etwas erleben muß."

Einmal — nach einer erfolglosen Rücksprache mit dem Züricher Maler Ludwig Vogel — bricht ihr schlichtes Bürger- und Menschentum gegen die unabsehbare Weglosigkeit dieses ringenden Künstlertums zag, fremd und liebend durch: „Du hast nun in kurzer Zeit vieles erfahren, hast auch einen Vorschmack von Not und Mangel; allein es könnte mit der Zeit noch schlimmer kommen. Nicht, daß ich Dich von deiner Kunst abhalten will, aber meine mütterliche

Meinung darf und muß ich Dir doch sagen — — Was hast Du doch von einem Leben, wenn Du mit Not und vielen Schwierigkeiten Dich durch die weite Welt schleppen mußt, um höchstens Dir nach dem Tode ein bißchen Lob und Ruhm zu erwerben! während Du in Deiner Heimat ein bequemes Leben und Deiner Mutter Freude und Erleichterung machen könntest. Herr Vogel sagte, daß er niemals imstande wäre, seine Familie von seiner Kunst zu ernähren, obgleich man überall sagt, daß die Leute sehr einfach und häuslich leben. Bedenke daher Deine Zukunft! Gott leite Dein Schicksal zu Deinem und meinem Glücke!"

Endlich sucht Keller Rechtfertigung und Erfolg seines Strebens mit einem Bilde auf der Züricher Ausstellung. Es kam beschmutzt und beschädigt an und blieb liegen. Erst die Sorge der Mutter verhalf ihm zur Ausbesserung und Aufstellung. „Mit Zittern", aber mit zäher Ausdauer ging sie von einem Herrn der Kommission zum andern, das Bild zum Ankauf für die Verlosung zu empfehlen. Und schließlich steht sie am Freitag — dem Wochentage des freien Eintritts — mit der Tochter Regula und ihren Bekannten vor dem Bilde: „Es wurde von uns Nichtkennern bewundert. Ich stand lange mit Nachdenken dabei und berechnete eben die Kosten der Rahme und die Zeit der Arbeit. Und dann wieder die Besorgnis, wenn es hier nicht verkauft wird! Freude und Kummer wechselten stets meine Gedanken."

Es wurde nicht verkauft. Alle Hoffnungen schlugen fehl. Als die Not aufs höchste stieg, verkaufte Keller seine ganze Künstlerhabe, Aquarelle, Skizzen und Kartons an

einen Münchner Trödler, das Stück zu vierundzwanzig
Kreuzer. Und schließlich stieg er aus der romantischen
Traumwelt seines Künstlertums in die bescheidene, tätig-
tüchtige, epische Welt des Handwerkers und bestrich zur
Hochzeit des bayrischen Kronprinzen bei eben jenem Trödler Flaggenstangen mit blauweißen Spiralen, den Arbeits-
tag um zwei Gulden.

Indessen mahnt die Mutter ihn immer dringender,
heimzukommen, und ein Jugendfreund schreibt ihm: „Du
mußt kommen auf Zürich; denn Deine liebe Mutter spricht
immer nur von Dir, wann Du kommest. Sie schaue viel-
mal auf die Straße, und wenn sie irgend einen so kleinen
Bursch sehe, so meine sie, sie müsse rufen: Regeli, der
Gottfried kommt!"

Nach zweiundeinhalb Jahren kehrt Keller im November 1842 von München zurück. Und nun folgen die sechs
Jahre daheim, in denen er sich vom Maler zum Dichter
wandelt. Und tief bedeutsam: es ist das Schicksal seines
Volkes, das ihn aus der Weglosigkeit sich an die Seite
ruft: die Sonderbundskämpfe der Schweizer um ihre
liberale Neugestaltung machen ihn zum politischen Lyriker.
Eines der ersten Gedichte ist sein Liebesruf an das Vaterland, der zur Nationalhymne wurde, in dem sein ganzes
Volk sich immer wieder liebend findet:

> O mein Heimatland, o mein Vaterland,
> Wie so innig, feurig lieb ich dich!

Und wie ihn so „der lebendige Ruf der Zeit" aus subjektiver Befangenheit und Verworrenheit löst, so öffnet sich
auch langsam sein Auge für die schlichte Schönheit und
Bedeutung seiner nächsten Welt. Ehrfürchtig erkennt er

in dem Arbeits- und Opferleben seiner Mutter und Schwester (die als Näherin den Haushalt stützte) die stille Größe. Und als die Schwester in schwerer Krankheit niederbricht, schreibt er in sein Tagebuch: "Mit meiner Schwester geht es körperlich besser, aber Geist und Gemüt scheinen von der Krankheit gelitten zu haben, sie ist verwirrt ohne Fieber. Dabei aber zeigt sie Witz, und die Tiefe eines zarten und liebebedürftigen Gemütes tritt zum erstenmal zutage. Die Mutter wacht nun ganz allein schon vierzehn Nächte bei ihr, ich kann nichts helfen, ich bin die unnütze Zierpflanze, die geruchlose Tulpe, welche alle Säfte dieses Häufleins edler Erde, das Leben von Mutter und Schwester aufsaugt. Wenn mir Gott über diese warnende Probe hinaushilft, so soll es anders werden. Indessen bin ich stolz auf unser verborgenes Leiden und auf die Stärke und Kraft meines armen alten Mütterchens und auf den stillen Wert meiner Schwester. Das übertrifft alle Fraubasereien meiner öffentlichen Beziehungen."

Wenn er jetzt die Niederschrift seines Lebensromans, des "Grünen Heinrich", beginnt, so ist sein Plan der "eines traurigen Romans vom tragischen Abbruch einer Künstlerlaufbahn, an welcher Mutter und Sohn zugrunde gingen". Und wie auch der Roman in den folgenden Wanderjahren zu Heidelberg und Berlin 1848 — 55 sich ausgestaltet: die eigentlich epischen Elemente geben — zumal der ersten Fassung — die Gestalt der Mutter, das Verhältnis von Mutter und Sohn. Die eigene Mutter ist bis in die Einzelheiten das ehrfürchtig und liebend erlebte und schöpferisch gebannte Urbild. Und wenn der Schluß der ersten Romanfassung, der jähe Tod des Grünen

Heinrich, objektiv ungerechtfertigt ist, subjektiv ist er begründet in dem schmerzlichen Dank- und Schuldgefühl gegen die Mutter, das Keller auch während der beiden Heidelberger und der fünf Berliner Wanderjahre nicht verwand. „Es quält mich immer, daß Du in der Zeit Dich abkasteist und alles entbehren mußt, besonders da ich weiß, daß Du noch unnötigerweise alles Dir schwer machst." Daß er sich „noch herausbeißen werde", des ist er in seinen guten Augenblicken gewiß. Aber er fürchtet, daß sie in ihrem Alter diesen Aufstieg nicht mehr erleben wird. Und dieses furcht- und Schuldgefühl bestimmt den dunklen Ausgang des Romans. Wenn wirklich die Mutter über seinem langen Umhertreiben, seinem verworrenen Werdegang sterben sollte, mit gebrochen durch alle erfolglosen Mühen, Opfer und Kümmernisse um ihn, dann, schien ihm, habe er, habe sein zweites Ich im Roman kein Recht auf das Leben mehr: „Da er die unmittelbare Lebensquelle, welche ihn mit seinem Volke verband, vernichtet, so hatte er kein Recht und keine Ehre, unter diesem Volke mitwirken zu wollen." „Es war, als ob alle Mütter der Erde ihn durchschauten, alle glücklichen ihn verachteten und alle unglücklichen ihn haßten." „Er vermochte den lachenden Himmel und das grüne Land nicht länger zu ertragen und wollte zur Stadt zurück, wo er sich in dem Sterbegemach der Mutter verbarg... Es rieb ihn auf, sein Leib und Leben brach und er starb in wenigen Tagen" (Gr. Heinrich).

So ist der erste Schluß des Romans ein Gerichtsspruch über sich selbst, ein allzuharter, den die Wirklichkeit revidiert hat. Zugleich aber ist er von tiefster epischer Bedeutung; das heilig-unlösbare Verhältnis von Mutter und Sohn ist bis zu den Fundamenten des epischen Lebens aufgedeckt: „Wie kann er, da er in Bezug auf die Familie, welche die Grundlage der Staatsgemeinschaft ist, ein verletztes oder beschwertes Gewissen hat, ein öffentliches Wirken beginnen oder sich für dasselbe vorbereiten?" (an Hettner 25. 11. 1855).

Die 2900 Franken, die Keller zum Stolz der Mutter in dreieinhalb Jahren von der Zürcher Regierung als Reisestipendium erhalten, reichten nicht. Die Honorare für den Grünen Heinrich, die Leute von Seldwyla, die Neueren Gedichte, mit denen Keller ursprünglich Mutter und Schwester zu unterstützen dachte, verrannen gleichfalls. Bitterste Verlegenheiten, Demütigungen, der nackte Hunger peinigten ihn. Der immer wieder enttäuschten und bekümmerten Mutter, die indes für ihn Hemden und Strümpfe fertigt, sucht er seine Lage zu verhehlen und, da er vor ihr nicht lügen kann, schreibt er ihr Monate, halbe Jahre, einmal fast zwei Jahre nicht. „Ich wußte nicht, was ich schreiben sollte ... Ich habe öfters Briefe an Leute nach Zürich geschickt, die mir weit ferner stehen, aber dort hatte ich gut schreiben."

Als er sich am 28. Dezember 1851 nach kranken Tagen endlich hinsetzt, der Mutter zu schreiben, bricht sein lang und bang verhaltenes Gefühl in ergreifende Verse aus:

Während eines Briefes an die Mutter, nachdem ich anderthalb Jahre nicht geschrieben:

>Ich schmiede Verse, schreibe Bücher,
>Ich schreibe wochen-, mondelang,
>Lass' Selden große Worte sprechen,
>Stets gibt die Schelle ihren Klang.

Ich schreibe an gelehrte Freunde,
An zier- und geistbegabte Fraun,
An lebensfrohe Witzgenossen,
Weiß alle leichtlich zu erbaun.

Nur wenn ich an die ungelehrte
Und arme Mutter schreiben will,
Steht meiner Torheit fert'ge Feder
Auf dem Papiere zagend still.

Da gilt es erstlich, groß zu schreiben
Und deutlich für das Mutterauge,
Daß für das alternd tränenblöde
Des Söhnleins Schrift zum Lesen tauge.

Und dann — o welche schmerzenvolle
Und schwere Kunst! — das Wort zu wählen,
Das schlichte Wort, das Hoffnung spendet,
Und wahr ist mitten im Verhehlen.

O wie gesteh ich all mein Fehlen
Und töte ihren Glauben nicht?
Soll ich voll List den Trotz'gen spielen,
Zu locken ihre Zuversicht?

Brech' ich die alte, schlichte Weise
Und nehme heißes Schmeichelwort,
Das ich so gerne spräche? Aber
Scheucht dies nicht ihr Vertrauen fort?

Schreib ich in glänzenden Gedanken,
In reicher Hoffnung Lenzgefühl?
Wähl ich der Demut enge Schranken?
O, immer bleibt's ein trüglich Spiel!

Wähl ich Papier und Siegel köstlich?
Verletzt sie die Behaglichkeit?
Schrieb ich an eine blasse Fürstin,
Wie klein wär' die Verlegenheit!

Lass' ich sie trüglich Wohlstand ahnen,
Um ihrem Herzen wohlzutun?
Tu ich das Gegenteil, damit sie
Nicht meinem müsse Unrecht tun?

Mich hat die Welt so oft betrogen,
So oft trog ich mein Mütterlein!
Die Welt gebiert stets neue Formeln.
Mir aber fällt bald nichts mehr ein.

Hemmt euren Lauf, geschwätz'ge Reime,
Die ihr mich meiner Pflicht entzieht! —
Bald lern' ich nun gefühlvoll dichten!
In Tränen schrieb ich dieses Lied.

Jahr um Jahr harrte die Mutter seiner Heimkehr, in entsagender Liebe und Geduld. „Ehe ich heimkomme," erklärte der Sohn, „müssen meine Sachen [,Der grüne Heinrich' etc.] heraus..., damit ich gegenüber der Regierung, die auch dafür verantwortlich ist, etwas getan habe. Ich will überhaupt mit gutem Ansehen nach Hause kommen und als ein selbständiger Mann in jeder Hinsicht." „Freilich fällt es mir schwer aufs Herz, wenn ich denke, daß Du und Regula zugleich leiden, und daß Euch Beiden darüber die Jahre vergehen. Allein ich kann meine Natur nicht ändern, und wenn ich einst mir einige Ehre erwerbe, so habt Ihr den größten Teil daran durch Euere stille Geduld."

Im Herbst 1852 verkaufte die Mutter das Haus mit bescheidenem Gewinn. In der neuen Wohnung hielt sie ein Zimmer für den Sohn bereit. Schon drei Jahre vor seiner Heimkehr verließ sie das Haus nie mehr für längere Zeit, etwa für eine Erholung in Glattfelden, um ja daheim zu sein, wenn er käme.

Noch einmal mußte Keller das kleine mütterliche Vermögen in Anspruch nehmen. Im November 1855 bat er sie, ihm zur Schuldentilgung und Heimreise 1000 Gulden von der Verkaufssumme des Hauses (9600 Gulden) zu senden. „Dagegen verspreche ich, daß ich von Stund an nach meiner Heimkehr den Haushalt übernehmen, den Mietzins bezahlen und alles ‚durch den Bach schleifen‘ will." „Ich gestehe," antwortete die Mutter, selig seiner Heimkehr, aber der oft getäuschten Versprechung schwerlich sicher, „daß diese bedeutende Summe Geldes mich sehr erschreckte, da ich dieses spärlich am Zinse gelegt und als Notpfennig für meine alten Tage besorgte ... Nun aber stütze ich mich auf Dein Versprechen und bitte zu Gott, daß Deine Arbeit und das Gelingen damit gesegnet sein möge, daß wir einen Mann und eine Stütze in unsern Haushalt bekommen."

Nach sieben langen Wanderjahren kam Keller Mitte Dezember 1855 zu Mutter und Schwester zurück. Eine Reihe seiner bedeutendsten Werke, die beiden Gedichtsammlungen, Der grüne Heinrich, Die Leute von Seldwyla I waren inzwischen erschienen oder im Druck und hatten ihm Anerkennung und Ruhm gebracht. Er war jetzt 36, die Mutter 68 Jahre alt. Aufatmend kann er nach Berlin berichten, „daß ich meine liebe Mutter und

Schwester wohl und munter angetroffen habe". „Ich habe am glücklichsten gearbeitet," hatte er im Jahr vorher der Mutter geschrieben, „als ich noch gänzlich unbekannt in unserer alten Stube und dem Kämmerli herumhockte." Und jetzt klingt das Glück des Daheimseins und die verhaltene Liebe aus dem Humor seiner Schilderung: „Erstere [die Mutter] ist sehr dauerhaft und hat sich in den sieben Jahren fast gar nicht verändert, sie macht alles selbst und läßt niemanden dreinreden; auch klettert sie auf alle Kommoden und Schränke hinauf, um Schachteln herunterzuholen und Ofenklappen zuzumachen. Ich mußte mir meine Serviette zum Essen förmlich erkämpfen, und da gab sie mir endlich ein ungeheures Eßtuch aus den neunziger Jahren, von dem sie behauptete, daß es wenigstens vierzehn Tage ausreichen müsse! Ich kann es wie einen Pudermantel um mich herumschlagen beim Essen. Meine Schwester ist eine vortreffliche Person und viel besser als ich; als ich eines Tages wieder melancholisch war und die Mutter in der Zerstreuung etwas anfuhr, ohne es zu wissen, rückte mir Regula auf das Zimmer und hielt mir eine so scharfe Predigt, daß ich ganz kleinlaut und verblüfft wurde. Beide hatten große Freude, als ich kam, aber ich habe ihnen auch nicht im mindesten imponiert!"

Und noch einmal hebt er zwei Monate später dankbar sein Schicksal gegen das des Grünen Heinrich ab: „... Ich bin jetzt wieder einmal recht zu mir selbst gekommen. Dabei geht mein altes Mütterchen ab und zu und macht sich zu schaffen, und ich bin sehr froh, daß ich für diesmal ungeschlagen davonkam und sie noch ebenso rüstig und beweglich angetroffen habe, wie ich sie vor sieben Jahren verlassen. Denn es wäre eine große Schande für mich gewesen, wenn ich sie nicht mehr angetroffen hätte."

Im Herbst 1861 wird Keller neuen Sorgen und Schulden (er vermochte kein Vielschreiber zu werden) entrissen und in die Regierung der Heimat berufen. Die Heimat gibt ihm eines ihrer ersten Ämter, sie ernennt ihn zum Staatsschreiber von Zürich. Fünfzehn Jahre lang durfte Keller den Geist seiner Dichtungen im Leben verkörpern, vertiefen, bereichern. Der tiefe Wesenszusammenhang zwischen dem Schweizer Volk und seinem größten Dichter nahm so edel und fruchtbar Gestalt.

Und also erfüllte sich auch episch reich und hell das Leben der Mutter. Die Vierundsiebzigjährige sah ihr langes, opfervolles Dasein gerechtfertigt und gekrönt, ihren vielgeliebten, vielumsorgten Sohn vollendet und erhöht. Mit Stolz und Freude durfte sie in die stattliche Amtswohnung des Sohnes einziehen. Und dort auf der Staatskanzlei starb sie, siebenundsiebzig Jahre alt.

Ihr Bild aber lebte schöpferisch in Keller fort: noch in Marie Salander ist die Opfertreue und tätige, tapfere Sorge der Mutter ergreifend Gestalt geworden, wie einst im „Grünen Heinrich", in „Pankraz dem Schmoller", in „Frau Regel Amrain und ihr Jüngster". In Frau Amrain ist die Mutter von allem Zufall ihres Lebens befreit und erhöht, sie ist zur Mutter eines Volkes, des Schweizer Volkes gesteigert, als wäre die Mutter Helvetia selber in ihr Mensch geworden.

So ist die Gestalt der Mutter, das Problem der Mütterlichkeit geradezu der Mittelpunkt von Kellers epischem Schaffen. Alle andere Menschen-, selbst die Gattenliebe, alle Herzensleidenschaft scheint ihm subjektiv befangen. Die Mutterliebe allein ist die selbstlose, die groß und rein wie die Natur über den Einzelnen in die Folge der Geschlechter weist, die Leben und Welt erhält.

Die Schwester

Cornelia Goethe
nach einer Bleistiftzeichnung Goethes (1773)

Cornelia Goethe

Neben und mit einem dichterischen Genius wie Goethe schwesterlich aufzuwachsen, ist ein Schicksal, das „alle Freuden, die unendlichen, alle Schmerzen, die unendlichen, ganz" in sich trägt. Wenn die Lebenswende kommt, wo die Schwester einsam zurückbleibt, so wird sie, die so lange selig in die Sonne gesehen, im dämmernden Tag sich nicht mehr zurechtfinden. Frierend wird sie im Schatten des Unzulänglichen stehen und sehnend dahinwelken.

Unerbittlich hat sich dies Schicksal an Cornelia Goethe erfüllt.

Am 7. Dezember 1750, einundeinviertel Jahr nach Goethe, wurde sie geboren und blieb aus der Schar von sechs Geschwistern mit ihm bald allein. Früh empfand sie Wolfgangs brüderliche Liebe: „Zu der kleinen Schwester Cornelia", erzählt die Mutter, „hatte er, da sie noch in der Wiege lag, schon die zärtlichste Zuneigung, er trug ihr alles zu und wollte sie allein nähren und pflegen, und war eifersüchtig, wenn man sie aus der Wiege nahm, in der er sie beherrschte; da war sein Zorn nicht zu bändigen." Gemeinsam trugen sie alle Freuden und Leiden der Kinderjahre, der Mutter freudige Herzensfülle und des Vaters pädagogische Strenge. Gemeinsam lebten sie einen großen Teil ihres Unterrichts. Gemeinsam suchten sie nach des Vaters langweilig-nüchternen Abendvorlesungen in Klopstocks Messias den ersten Überschwang und Selbstgenuß ihres jungen Gefühls. Auch an Wolfgangs früher Theaterleidenschaft nahm die Schwester teil, am Puppentheater, wie an den Kinder-Aufführungen; im befreundeten Hause des Schöffen von Olenschlager spielte sie mit elf bis zwölf Jahren in Johann Elias Schlegels „Canut" und in Racines „Britannicus" die weiblichen Hauptrollen. Gemeinsam durchstreiften sie die Vaterstadt, die Gärten und Vororte. „Und so wie in den ersten Jahren Spiel und Lernen, Wachstum und Bildung den Geschwistern völlig gemein war, so daß sie sich wohl für Zwillinge halten konnten, so blieb auch unter ihnen diese Gemeinschaft, dieses Vertrauen bei Entwicklung physischer und moralischer Kräfte. Jenes Interesse der Jugend, jenes Erstaunen beim Erwachen sinnlicher Triebe, die sich in geistige Formen, geistiger Bedürfnisse, die sich in sinnliche Gestalten einkleiden..., manche Irrtümer und Verirrungen, die daraus entspringen, teilten und bestanden die Geschwister Hand in Hand" („Dichtung und Wahrheit").

Als Goethes erste, knabenhafte Leidenschaft zu Gretchen aufflackert und in peinlichen Untersuchungen niederbrennt, da ist Cornelia es, die ihn tröstet, „um so ernstlicher, als sie heimlich die Zufriedenheit empfand, eine Nebenbuhlerin losgeworden zu sein" (Dichtung und Wahrheit). Und diese Neigung und Eifersucht, mit der sie dem Bruder anhing, war um so heftiger, als sie im Zeitalter des Rokoko, des zierlichen und sinnlich-graziösen Frauenideals, körperlich wie seelisch von ungelöster, fast männlicher Herbheit war. So „herrschte sie" später zwar „über alle, ohne herrisch zu sein, indem ihr Verstand gar manches übersah und ihr Wille vieles ausgleichen konnte", aber im erotischen Sprühfeuer der Rokoko-Geselligkeit war sie „mehr die Vertraute als die Rivalin". Und mit warmer Genugtuung empfand Wolfgang, daß er „der einzige sei, der sie wahrhaft liebe, sie kenne und verehre" (Dichtung und Wahrheit).

Um so schmerzlicher mußte es für sie werden, daß schon vor ihrem fünfzehnten Geburtstag Wolfgang die Heimat verließ und auf drei lange Jahre nach Leipzig zog. Sie stickte ihm eine Brieftasche zum Abschied, sie lebte in seinen Briefen, die der Daheimgebliebenen unter den Augen des Vaters nicht ganz unmittelbar alle Wunder der Leipziger Welt berichteten und das Ebengelernte ihr in der nächsten Stunde überlegen dozierten. Durstig trank sie die Versicherung, die er ihr noch nach anderthalb Jahren schrieb: „Bei Gott, meine Schwester, Leipzig wird mir kein einziges Mädchen geben, das mit Dir verglichen werden könnte."

Aber die — im Original französischen — Worte ihres Tagebuchs an einen Vetter (nach Goethes Heimkehr) verraten, wie sehr sie gelitten hat: „Ich bin entzückt mein Herr, daß Sie im Augenblick überzeugt sind, wie sehr ich Recht hatte, über die Abwesenheit meines teuren Bruders betrübt zu sein; diese drei Jahre sind sehr lang für mich gewesen, ich wünschte jede Stunde seine Rückkehr."

Ihr fehlte nicht nur der sprühende Gefährte ihrer Seele, sondern auch der gesellige Begleiter, sie blieb mehr auf das Haus beschränkt und so dem pädagogischen Ehrgeiz des Vaters ausgeliefert. Die Frankfurter Altersgenossinnen konnten ihr keinen Ersatz bieten; ihr scharfer Geist spottet über deren Gesellschaften: „Was für ein elendes Schauspiel, ach meine Liebe, Du kennst ja die Leute, die es darstellten; wir sprachen von der Wirtschaft, von Lektüre, Künsten und Sprachen. Was mich betrifft, so war mir so übel von der Unterhaltung, deren Fadheit ich nicht ändern konnte, daß ich Zeit brauchte, um mich zu erholen. Ich konnte mit Muße den Charakter von jeder von ihnen beobachten, und ich sah klar, daß es ihre Erziehung ist, die sie so dumm macht. Sie tragen eine erzwungene Frömmigkeit zur Schau, sehen keinen Mann an, weil man ihnen durchaus verbietet, mit irgend einem andern als dem sich zu unterhalten, der ihr Gatte sein wird, und sie verpflichtet, jede nähere Bekanntschaft, mit wem es auch sei, zu vermeiden. Sie meinen, wenn sie sehr wenig sprechen, sich gerade halten, und die Preziösen spielen, so seien sie vollkommen" (an Katharina Fabricius 24. III. 1768).|

Nur in Worms hatte sie zwei Freundinnen und Vertraute, Charitas Meixner und Katharina Fabricius, die auch dem Bruder nahe standen.

So verlor sie sich in eine leidenschaftliche Viellesere1, zumal in die Romane Richardsons. Schwärmend gab sie ihr Herz und ihre Phantasie an seinen Tugendhelden Grandison und träumte davon, daß er ihr im Leben begegnen würde. Aber ihre unerbittliche Selbstkritik sagte ihr zugleich, daß sie der Schönheit seines weiblichen Gegenbildes wenig entspräche. „Wenn", schreibt sie an Katharina Fabricius, „Sie es nicht wären, meine Liebe, ich würde ein wenig verletzt sein über das, was Sie über mein Äußeres sagen, denn ich könnte es sonst für Satire nehmen, aber ich weiß, daß es Ihre Herzensgüte ist, die Sie verpflichtet, mich so anzusehen. Indessen mein Spiegel täuscht mich nicht, wenn er mir sagt, daß ich zusehends häßlich werde. Das sind keine Redensarten, mein liebes Kind. Ich spreche aus dem Grunde meines Herzens, und ich sage Ihnen ebenso, daß ich manchmal davon schmerzvoll durchdrungen bin, und daß ich alles in der Welt dafür geben würde, schön zu sein." „Aber", so rafft sich ihr Wille auf, „das ist nicht und wird niemals sein, was ich auch tun und wünschen mag; so wird es nötig, besser den Geist zu kultivieren und zu versuchen, wenigstens von der Seite erträglich zu werden."

Diese hohe Entschiedenheit würde sie getragen und getröstet haben, wenn nicht ein Engländer, Harry Lupton, gewesen wäre, von dem Goethe sagte: „Sein Herz war voll Güte und Liebe, seine Seele voll Edelmut." Er war schon vor Goethes Abreise in die Pension ihres englischen Lehrers gezogen, um mehrere Jahre der Erlernung der deutschen Sprache zu widmen. Die Geschwister hatten mit ihm verkehrt, um sich ihrerseits in der englischen Sprache zu üben. Diesen Landsmann Richardsons stellte Cornelia, da Goethe in Leipzig weilte, in ihrer unerfüllten, versehnten Einsamkeit immer mehr dessen Romanhelden gleich, auf ihn warf sie die Schwärmerei und Leidenschaft ihres unruhigen Herzens. Er hat wohl kaum etwas davon geahnt, alle Geständnisse und Bekenntnisse blieben in dem geheimen Tagebuch für ihre Freundin. Bald nach Goethes Rückkehr reiste er ab, ohne ihr Lebewohl zu sagen.

Ihr Trennungsschmerz ging unter in der tieferen Liebe und Sorge für den heimgekommenen Bruder. „Mein

Bruder ist sehr krank," schreibt sie am 7. Dezember 1768 in ihr Tagebuch, „er hat plötzlich einen heftigen Kolikanfall gehabt, der ihn äußerst leiden läßt. Man wendet alles an, um ihm Ruhe zu schaffen; aber vergebens. Ich würde ihn nicht sehen können in solchem Zustand, ohne daß es mein Herz zerrisse. O, daß ich ihm nicht helfen kann!" „Sie wendete nun", erzählt Goethe in Dichtung und Wahrheit, „ihre Neigung ganz auf mich. Ihre Sorge für meine Pflege und Unterhaltung verschlang alle ihre Zeit; ihre Gespielinnen, die von ihr beherrscht wurden, ohne daß sie daran dachte, mußten gleichfalls allerlei aussinnen, um mir gefällig und trostreich zu sein. Sie war erfinderisch, mich zu erheitern und entwickelte sogar einige Keime von possenhaftem Humor, den ich an ihr nie gekannt hatte, und der ihr sehr gut ließ."

Schon von Leipzig aus hatte Goethe ihr seine neuen Dichtungen stets mitgeteilt, sie hatte sie durstig und begeistert aufgenommen und ihm auch kritische Ratschläge gegeben, die er anerkannte. Jetzt verfolgt sie seine Arbeit an den „Mitschuldigen". „Er liest mir alle seine Stücke vor," schreibt sie beglückt der Freundin, „und Sie können glauben, daß ich sie mit unendlicher Freude höre. Auch zeichnet er mir öfter hübsche Köpfe."

So lebte sie ihr bestes Leben im Wesen und Werden ihres Bruders. In sich selber war sie unruhig, zwiespältig, „ein indefinibles Wesen", das „weder mit sich einig war, noch mit sich einig werden konnte" (Goethe). Was sich von ihren Dissonanzen nicht im Miterleben des brüderlichen Schaffens formte, blieb ungelöst. Ihr ward ja nicht gleich ihm die Gnade, „was mich erfreute oder quälte oder sonst beschäftigte, in ein Lied, ein Gedicht zu verwandeln und darüber mit mir selbst abzuschließen, in mir sowohl meine Begiffe von den äußeren Dingen zu berichtigen als mich im Innern deshalb zu beruhigen". Zwischen der schöpferischen Einheit und Formkraft Goethes und der bedrängenden, unlösbaren Zwiespältigkeit des eigenen Wesens stehend, waren ihre einsamen Stunden oft leiden- und ahnungschwer. „Diese achtzehn Jahre", schrieb sie am Geburtstag in ihr Tagebuch, „sind mir wie ein Traum verflossen, und so wird mein weiteres Leben vorübergehn, nur mit dem Unterschied, daß ich noch mehr Leiden als bisher zu ertragen haben werde. Ich sehe sie vor mir."

Wie sehr ihr Wesen ständig von ungelöster Erregung und Erwartung zittert, zeigt ihr Tagebuch, wo es den Besuch der beiden Livländer v. Olderogge erzählt, zweier Leipziger Freunde des Bruders, auf die seine Beschreibung sie neugierig gemacht hat. „Wenn mein Bruder jemanden lobt, muß er viele Verdienste haben." Hin und her geworfen zwischen der Begier, sie zu sehen und der Scham, sich zu zeigen, steigt sie zwanzigmal die Treppen auf und ab, geht in ihr Zimmer zurück, flieht aus dem Hause, kommt wieder, ist einer Ohnmacht nahe, bleich wie der Tod, ihr Bruder ruft sie, ihr Vetter holt sie, mehr tot als lebend tritt sie ins Zimmer und geht maschinenhaft auf den älteren Olderogge zu.

Kaum ist Wolfgang völlig genesen, so begibt er sich nach Straßburg und weilt dort von Ende März 1770 bis August 1771 zum Abschluß seiner Studien. Hier erwacht er unter Herders Einfluß zum Bewußtsein seiner selbst. Im Sturm und Drang kehrt er zurück, und alle ungelöste Lebensunrast der Schwester geht hingerissen in seine neuen Anschauungen ein. Auch sie drängt aus der engen Gebundenheit ihrer Mädchenseele in die Weite, die Freiheit, die Fülle Rousseaus, Shakespeares, Ossians. Sie schreibt für den Bruder die Melodien der Volkslieder ab, die er im Elsaß gesammelt, sie bewegt ihn, den 14. Oktober als Shakespeares Namenstag zu feiern und Herder dazu einzuladen. Erschauernd lauscht sie der Rede des Bruders: „Shakespeare, mein Freund, wenn du noch unter uns wärest, ich könnte nirgend leben als mit Dir; wie gern wollt ich die Nebenrolle des Pylades spielen, wenn du Orest wärest." Sie fühlt sich selber als Pylades an der Seite des Bruders, ihres Orests. Leidenschaftlich protestiert sie mit ihm: „Und was will sich unser Jahrhundert unterstehen, von Natur zu urteilen. Wo sollen wir sie her kennen, die wir von Jugend auf alles geschnürt und geziert an uns fühlen und an andern sehen!" Und vor Erregung aufspringend horcht sie dem übermütigen Kampf- und Schlußruf der Rede: „Auf, meine Herren! trompeten Sie mir alle edlen Seelen aus dem Elysium des sogenannten guten Geschmacks, wo sie schlaftrunken in langweiliger Dämmerung halb sind, halb nicht sind, Leidenschaften im Herzen und kein Mark in den Knochen haben, und, weil sie nicht müde genug, zu ruhen, und doch zu faul sind, um tätig zu sein, ihr Schattenleben zwischen Myrten und Lorbeergebüschen verschlendern und vergähnen."

Sie ist es, die dem chaotischen Lebensmeer des Stürmers und Drängers die erste schöpferische Perle, den „Götz", entreißt. „Ich hatte mich davon", erzählt Goethe in Dichtung und Wahrheit, „so wie ich vorwärts ging, mit meiner Schwester umständlich unterhalten, die an solchen Dingen mit Geist und Gemüt teilnahm, und ich erneuerte diese Unterhaltung so oft, daß sie zuletzt ungeduldig und wohlwollend dringend bat, mich nur nicht immer mit Worten in die Luft zu ergehen, sondern endlich einmal das, was mir so gegenwärtig wäre, auf das Papier festzubringen. Durch diesen Antrieb bestimmt, fing ich eines Morgens zu schreiben an, ohne daß ich einen Entwurf oder Plan vorher aufgesetzt hätte. Ich schrieb die ersten Szenen, und abends wurden sie Cornelien vorgelesen. Sie schenkte ihnen vielen Beifall, jedoch nur bedingt, indem sie zweifelte, daß ich so fortfahren würde, ja sie äußerte sogar einen entschiedenen Unglauben an meine Beharrlichkeit. Dieses reizte mich nur um so mehr, ich fuhr den nächsten Tag fort und so den dritten; die Hoffnung wuchs bei den täglichen Mitteilungen, auch mir ward alles von Schritt zu Schritt lebendiger, indem mir ohnehin der Stoff durchaus eigen geworden; und so hielt ich mich ununterbrochen ans Werk, das ich geradesswegs verfolgte, ohne weder rückwärts, noch rechts, noch links zu sehen, und in etwa sechs Wochen hatte ich das Vergnügen, das Manuskript geheftet zu erblicken."

Ganz ward sie jetzt die Vertraute seines Herzens und seines Schaffens. „Noch viel inniger" wurde ihr Verhältnis. Er führte sie in die Weltliteratur ein, er verdeutschte ihr die Clarkesche (englische) wörtliche Übersetzung Homers in oft metrischen, bildgewaltigen Improvisationen. Er steigert und erweitert ihr Lebensgefühl, indem er das Lebensgefühl aller genialen Individuen sich und ihr schöpferisch zueignet. Das Leben aller großen Lebendigen reißt er an sich und teilt ihr's mit: Prometheus, Sokrates, Cäsar, Mohammed, Faust.

Auch in seine persönlichen Kreise nimmt er sie mit: zu Merck, Caroline Flachsland, den Darmstädtern, Sophie und Maximilian von La Roche, Johanna Fahlmer, Betti Jacobi. „Sogar meine Wanderungen und Entfernungen mußten unser Band fester knüpfen, da ich mich von allem, was mir begegnete, brieflich mit ihr unterhielt, ihr jedes kleine Gedicht, wenn es auch nur ein Ausrufungszeichen gewesen wäre, sogleich mitteilte und ihr zunächst alle Briefe, die ich erhielt und alle Antworten, die ich darauf erteilte, sehen ließ" (Dichtung und Wahrheit). „Wir leben glücklich zusammen," schreibt er an Sophie von La Roche, „ihr Charakter hat sich wunderbar schnell gebildet."

Der Sommer in Wetzlar kommt, und auch in Lottes Kreis führt Wolfgang die Schwester ein. Kestner erscheint im Elternhaus, sie bittet ihn, „Lottchen doch hirher zu bringen; recht inständig bat sie und äußerte, daß sie sie schon in der Ferne sehr lieb hätte" (Kestners Tagebuch). Sie tritt in Briefwechsel mit Kestner und Lotte, sie schreibt Lieder und Noten für Lotte ab, sie nennt ihn ihren Freund.

Strahlend schien ihr Leben erfüllt im seligstolzen, schöpfergewaltigen ihres Bruders; in ihm war ihr Zwiespalt gelöst, ihr kühner Wille befreit, ihr hellster Traum überglänzt. Was die Freunde an seltenen Tagen in ihm erkannten, trunken erlebten, sie erfuhr es Stunde um Stunde: „Ein wunderbarer Mensch! Der erste von den Menschen, die ich je gesehen, der alleinige, mit dem ich sein kann. Der trägt Sachen in seinem Busen! Die Nachkommen werden staunen, daß je so ein Mensch war" (Klinger über Goethe). — — —

Unter den Freunden Goethes, die viel im Elternhause verkehrten, befand sich der zehn Jahre ältere Frankfurter Advokat Johann Georg Schlosser. Auch sein Vater war kaiserlicher Rat, beide Familien standen in freundschaftlichem Verkehr. Schlosser hatte Goethe in Leipzig besucht und seither Briefe mit ihm gewechselt. Er hatte den jungen, von Straßburg heimgekehrten Juristen in seiner nicht sehr ernstlichen juristischen Praxis unterstützt, er war ihm lebendiger nahgekommen, indem er Ende 1771 die Herausgabe der „Frankfurter Gelehrten Anzeigen" übernommen und in ihnen mit Herder, Merck und Goethe das Programm der Stürmer und Dränger ungestüm verkündet und verfochten hatte. In verschiedenen Sprachen hatte er schon geschrieben und gedichtet, er hatte einen englischen „Anti-Pope" verfaßt, hatte eine Übersetzung der Ilias in Alexandrinern begonnen, eine Verdeutschung von „Hero und Leander" veröffentlicht. Aus Rousseaus Geiste hatte er seinen „Catechismus der Sittenlehre für das Landvolk" geschrieben und weites, bewunderndes Aufsehen erregt.

An Goethes Seite, mit dem er das Du getauscht, war Schlosser im Winter und Frühjahr 1771/72 oft im Kreise Cornelias erschienen. Als Goethe in Wetzlar weilte, hatte er der Einsamen die Atmosphäre des Bruders in geistigem Austausch vermittelt. Und langsam war aus dem Freunde ein Bewerber geworden.

Die Ehe war damals für ein junges Mädchen das Unumgängliche, eine religiöse und bürgerliche Pflicht. Auch Cornelia hatte ihrer oft gedacht. 1769 hatte sie voll herber, bitterer Selbstbetrachtung in ihr Tagebuch geschrieben: „Es ist klar, daß ich nicht immer Mädchen bleiben werde, es wäre auch sehr lächerlich, diesen Plan zu hegen. Obwohl ich seit langem die romanhaften Ideen über die Ehe aufgegeben habe, kann ich doch meine hohe Vorstellung von ehelicher Liebe nicht zerstören, von jener Liebe, die nach meinem Urteil eine Verbindung allein glücklich machen kann. Wie dürfte ich aber eine solche Seligkeit erhoffen, da es mir an jedem Reize fehlt, der Zärtlichkeit einflößen könnte? Soll ich einen Mann heiraten, den ich nicht liebe? Der Gedanke ist mir entsetzlich, und doch bleibt mir nur diese Aussicht übrig; denn wo fände sich ein liebenswürdiger Mann, der an mich dächte?"

Inzwischen hatte sie „verschiedene bedeutende Anträge" ausgeschlagen; ihr Selbstbewußtsein war in der geschwisterlichen Gemeinschaft geklärt und gereift, ihr Maßstab, den sie am Bruder gewonnen, ein ungewöhnlicher geworden, Herz und Geist war dem Bruder so leidenschaftlich zugetan, daß für eine keimende Liebe kein Boden war. Darüber hatte sie das damalige frühe Heiratsalter bereits überschritten.

Nun war in Schlosser ein Bewerber erschienen, der aus der unmittelbaren Atmosphäre des Bruders kam, ein Teil seines Wesens schien, der seine literarischen und philosophischen Ideen vertrat und verfocht, und an Ruhm ihm nicht nachstand. Cornelia schätzte in ihm, was ihn mit dem Bruder verknüpfte, liebte es, als der Bruder in Wetzlar ihr schmerzlich fehlte und gab schließlich — nicht ohne Mitleid — der ersten, ernsten Leidenschaft des würdigen Mannes wie dem Zureden der Eltern nach, denen dies eine erwünschte Partie war.

Goethe war betroffen, als ihm Schlosser davon in Gießen Mitteilung machte. „Ich bemerkte nun erst, daß ich wirklich auf meine Schwester eifersüchtig sei" (Dichtung und Wahrheit). „Ich verliere viel an ihr," schreibt er Kestner, „sie versteht und trägt meine Grillen", und an Johanna Fahlmer: „Meine Schwester Braut grüßt Sie, sie ist jetzt im Packen ganz, und ich sehe einer fatalen Einsamkeit entgegen. Sie wissen, was ich an meiner Schwester hatte." Im Urmeister setzte er unter dem Namen Amelie ihrer Liebe und Treue, ihrem begeisterten Anteil an seinen jungen Dichtungen ein Denkmal.

Am 1. November 1773 wurde die Hochzeit gefeiert. Schlosser hatte eine Anstellung in badischen Diensten gefunden, kurze Monate als Hofrat in Karlsruhe, dann als Oberamtmann in Emmendingen. Aus Karlsruhe schreibt Cornelia an Caroline Herder: „Daß Sie glücklich sind, beste Freundin, fühle ich an mir selbst. Alle meine Hoffnungen, alle meine Wünsche sind nicht nur erfüllt, sondern weit, weit übertroffen. Wen Gott lieb hat, dem gab er so einen Mann." Aber vielleicht ist ihre Bejahung gerade darum so laut, weil sie schon aufschrillende Zweifel und Unruhen übertönen muß. Denn gleich dahinter klingt das Thema auf, das immer schwermütiger und dunkler bald ihr künftiges, kurzes Leben beherrschen wird: „Mein Bruder konnte uns nicht begleiten; ich hätt's gewünscht für ihn und für mich, wir waren in allem Betracht miteinander verschwistert und seine Entfernung fühle ich am stärksten; vielleicht besucht er uns künftigen Sommer, wenn die schöne Natur hier in ihrer vollen Pracht ist. Ach, liebe Caroline, das soll ein herrlicher Anblick sein!"

Immer tiefer, immer schicksalhafter fühlte sie die Trennung von dem, der sie auf den Gipfel des Lebens geführt, dessen Schöpferherrlichkeit und -trunkenheit sie Hand in Hand mitgelebt hatte. Wie in den Worten von Werthes an Friedrich Jacobi glühte es in ihr: „Dieser Goethe, von dem, und von dem allein, ich vom Aufgang bis zum Niedergang der Sonne, und von ihrem Niedergang bis wieder zu ihrem Aufgang mit Ihnen sprechen und stammeln und dithyrambisieren möchte, dessen Genius zwischen Klopstocken und mir stand und über die Alpen gleichsam einen Sonnenschleier herwarf, er selbst immer mir gegenüber und neben und über mir, dieser Goethe hat sich gleichsam über alle meine Ideale emporgeschwungen, die ich jemals von unmittelbarem Gefühl und Anschaun eines großen Genius gefaßt hatte. Doch nie hätt ich das Gefühl der Jünger von Emaus im Evangelio so gut exegisieren und mitempfinden können, von dem sie sagten: ‚brannte nicht unser Herz in uns, als er mit uns redete?' Machen wir ihn immer zu unserm Herrn Christus, und lassen Sie mich den letzten seiner Jünger sein. Er hat so viel und so vortrefflich mit mir gesprochen, Worte des ewigen Lebens, die so lang ich atme, meine Glaubensartikel sein sollen."

Das Tragisch-Schicksalsvolle in Cornelias Leben aber war: je mehr und je länger sie sich mit Schlosser von

Goethe entfernte, desto deutlicher und erschreckter sah sie, daß die Gemeinsamkeit, die sie an Goethe und Schlosser wahrgenommen und geliebt hatte, nicht die persönliche des Charakters, sondern nur eine allgemeine des Zeitalters war. Alles Persönliche seines Wesens offenbarte sich ihr mehr und mehr als ungoethisch, ja als „gewissermaßen das Gegenteil von mir" (Goethe über Schlosser in Dichtung und Wahrheit).

Schon sein Äußeres stand zur apollinischen Vollkommenheit Goethes in schroffem Gegensatz: grob gezeichnete Züge, eine stark vorspringende Nase, aufgeworfene Lippen, eine zurückfliehende, wenn auch hoch und wohlgewölbte Stirn. Wilhelm von Humboldt gibt in späteren Jahren eine Schilderung von ihm: „Durchaus kein Ebenmaß und Gleichgewicht der Züge, ein bis zur Wildheit feuriges Auge, etwas Spöttisches im Munde, eine durchaus unstete Physiognomie, manchmal eine gewisse wunderliche und gar nicht natürlich scheinende Exaltation und ein struppiges Haar." Schlosser selbst zeichnet sich in einem Briefe an G. Forster vom 11. November 1791: „Eine sehr eingezogene Erziehung, mein später Eintritt in die Welt, der Zufall, der mich unter Leute führte, welche die gespanntesten Saiten meiner Seele zu wenig rühren konnten, als daß sie die, welche meine Erziehung erschlafft hatte, hätten spannen können; eine natürliche Timidität, eine natürliche Trägheit, eine natürliche Verschämtheit und körperliche Ungelenkheit: alles das machte, daß ich mich wenig repandierte und wenig gesucht wurde."

Jedenfalls war Schlosser bei aller Bedeutung voll innerer Unausgeglichenheit und Unruhe. Er selber klagt in einem Briefe an Merck: „Entweder wir liegen öde, oder es wird falsch auf uns gespielt. Die Reminiszenz des Guten ist meist folternd. In dem Augenblick des vollen Gefühls, der lebenden Harmonie in uns macht die Fülle des Herzens glücklich; aber ist der vorüber — wieviel Unmut der Leerheit, wieviel Qual der Mißstimmung folgt dann!" Dunkle Stunden überschatten ihn wieder und wieder: „Freude such ich, und ich finde wenig mehr; aber alles, was die Stürme beschwören und meine Leere füllen kann, ist mir willkommen" (an Merck). Aus diesen finsteren Stimmungen, darin auch Selbstmordgedanken aufschwelen, flüchtet Schlosser zum schwärmenden, exaltierten Christentum Lavaters.

In dieser flackernden Zwiespältigkeit vermag er sich vor der klaren organischen Ganzheit Goethes nicht zu behaupten. Schon in der Brautzeit schreibt er über ihn an Lavater; „Lieben Sie ihn ferner, ich sage Ihnen aber voraus, es gehört eine gewisse Stärke der Seele dazu, sein Freund zu bleiben." Und im Juni 1774 schreibt er bitter, unwissend, wie tief das Wort gegen ihn selber klagt: „Goethe ist mir zu stark." So sehr Goethe Schlossers Begabung anzog, so stieß ihn immer wieder die Disharmonie seines Charakters ab, und so erklärt sich sein wie anderer Zeitgenossen schwankendes Urteil über ihn.

Cornelia aber: diese unorganische, unruhige Zwiespältigkeit, die sie an sich selbst erlitten, die sie in Goethes organischer Lebensherrlichkeit gelöst hatte, offenbarte sich ihr an Schlosser um so quälender, als er sie vergebens durch Strenge und Schroffheit zu überwinden oder zu verdecken suchte. Goethe spricht von seiner „trockenen Strenge", von seiner „schroffen Rechtlichkeit", das badische Hofratskollegium wie der Markgraf selber leiden unter seiner eigensinnigen Rechthaberei; „der Mann will coûte qui coûte herrschen," schreibt sein Kollege Edelsheim an Prinz Ludwig, den späteren Großherzog. Gereizt schreibt Wilhelm von Humboldt: „Sein Betragen ist in hohem Grade unangenehm. Eine unausstehliche Anmaßung und eine nimmer ruhende Heftigkeit herrschen durchaus."

Je mehr er fühlte, wie Cornelia ihm entglitt, desto leidenschaftlicher, ja gewaltsamer wird er sie zu halten versucht haben. Und hier liegt auch der zarteste und peinlichste Konfliktspunkt dieser Ehe: Goethe glaubt, daß Cornelia unsinnlich gewesen und darum notwendig in der Ehe unglücklich geworden sei. Aber bei der Leidenschaftlichkeit und Erregbarkeit ihres Wesens, die Tagebuch und Briefe verraten, ist nicht wohl anzunehmen, daß sie an und für sich unsinnlich gewesen sei, als vielmehr, daß Schlosser in seiner Wesensfremdheit ihre scheu verhaltene, empfindsame Sinnlichkeit nicht zu lösen vermochte. Auch die Sinnlichkeit scheint bei ihm jäh und gewaltsam gewesen zu sein, ohne Sinn und Ehrfurcht vor der organischen Eigenheit des andern. So wird er Corneliens Sinnlichkeit nicht nur nicht gelöst, sondern oft peinlich verletzt und — je mehr das Idealbild des Bruders zwischen sie trat — in Ekel gewandelt haben.

Schlosser konnte diese Zusammenhänge natürlich nicht durchschauen. Er fühlte nur, wie das Strahlenbild des Bruders Cornelien immer sieghafter wieder an sich zog, in sich zog und sie ihm entwand. Noch während ihrer

Ehe veröffentlichte er die Parabel „Eine Ehestandsszene", darin er klagend dem Ausdruck gibt:

„Ich hatte ein Schaf, das lag in meinem Schoß, trank von meinem Becher, aß mein Brot und wandelte mit mir auf der Weide. Es kannte keinen Trank als meinen, keine Speise als meine, ging nicht schneller als ich und war glücklich bei mir.

Da kam ein Mann und lehrte es fliegen. Es trank Ätherluft, speiste Morgentau und flatterte um die Sonne.

Ich sitze seitdem allein und weine. Es schwebt über mir, sieht mich weinen, bedauert mich, kann aber nicht mehr gehn meinen Gang, nicht mehr essen meine Speise und ekelt vor meinem Trank.

Warum hat der Mann nicht gewartet, bis wir zusammen fliegen konnten?

Da oben schwebt's und sieht Engel lieben und keinen Engel, der's liebt, und ekelt vor seiner Liebe.

Ach ewige Gerechtigkeit! Warum nahm der Mann dem Schafe das, womit es mich zahlen sollte und gab ihm, was mir nicht nützt und mich nicht zahlt? Was hilft's, daß es ihm zahlt? Es war ihm nichts schuldig."

Immer tiefer schloß sich Cornelia in ihre Sehnsucht, ihre Erinnerung ein; der Mangel an jedem geselligen Verkehr in Emmendingen vereinsamte sie vollends. Die Geburt eines Töchterchens am 28. Oktober 1774 änderte nichts daran („Es ist sehr lustig und will den ganzen Tag tanzen, deswegen es auch bei jedem lieber als bei mir ist"). Vielmehr wurde die Geburt ihren Nerven ein Vorwand, in volle Apathie zu sinken. Zwei Jahre lang bleibt sie meist im Bette liegen, nicht einmal einen Brief schreibt sie mehr.

Als aber Goethe auf seiner Flucht vor Lili — mit Lenz von Straßburg kommend — am 27. Mai 1775 in Emmendingen erscheint, da erhebt sie sich in der Spannkraft der Freude, im Jubel der alten Erfüllung; gleich am andern Tag geht sie mit ihnen spazieren, bis zu seiner Abreise am 5. Juni bleibt sie völlig wohl.

Dann sinkt sie wieder zusammen. Erst der Besuch des berühmten Arztes Zimmermann, des feinsinnigen Seelenarztes, hilft ihr so weit, „daß ich seitdem wenig ganz trübe Stunden mehr habe" (6. Januar 1776).

Inzwischen stürmt Goethe die Sonnenbahn seiner Berufung weiter. „Himmel auf und Höllen ab getrieben" durchringt er die Liebe zu Lili, erwirbt er Weimar als Lebens- und Wirkungskreis, gewinnt er in Frau von Stein „das reinste, schönste, wahrste Verhältnis, das ich außer meiner Schwester je zu einem Weibe gehabt". „O hätte meine Schwester", so klagt er ihr, „einen Bruder irgend, wie ich an dir eine Schwester habe!" Das Schicksal der Schwester hatte ihm das Herz zerrissen, es war für ihn „eine wahrhafte Prüfung" gewesen, zu ihr zu gehen. Jetzt quälte und hemmte es ihn unerträglich, sich ihr zuzuwenden, wo er nicht helfen und handeln konnte. Vergebens sehnte Cornelia sich nach einem Wort von seiner Hand. Frau von Stein aber bat er: „Nehmen Sie sich ihrer an, schreiben Sie ihr einmal, peinigen Sie mich, daß ich ihr was schicke." Und Frau von Stein — der Zimmermann eine Ähnlichkeit mit Cornelia zuschrieb — schickte der Leidvollen, Einsamen Worte des Trostes, Zeichen des Anteils, ein Rezitativ aus Glucks „Orpheus". „Ich glaub," antwortete Cornelia, „ich käm von Sinnen, wenn ich einmal wieder so was hörte — hier sind wir abgeschnitten von allem, was gut und schön in der Welt ist." Und sie träumt sich nach Weimar: „Meines Bruders Garten hätt ich wohl mögen blühen sehn; nach der Beschreibung von Lenz muß er ganz vortrefflich sein; in der Laube unter Euch, Ihr Lieben zu sitzen — welche Seligkeit!"

Vor Freude außer sich vernimmt sie, daß des Bruders geliebte Freundin im nächsten Sommer auf der Reise in die Schweiz sie besuchen werde.

Aber Frau von Stein kam nicht. Ein anderer kam aus Weimar her, ein Ausgestoßener, ein Gezeichneter wie sie: Jakob Michael Reinhold Lenz.

Eine tragische Ironie führte diese beiden, denen Goethe zum Schicksal geworden, im Untergang zusammen.

Lenz war eine künstlerische, aber zarte, unwirkliche, morbid empfindliche Natur. Zu seinem Verhängnis war er aus der pietistisch-asketischen Gebundenheit des livländischen Pfarr- und Vaterhauses in die ungebundene Leidenschaftlichkeit, die titanische Lebensfülle des Goethekreises geraten. Schnell war seine Empfänglichkeit hingerissen; seiner dichterischen Reizbarkeit entwuchsen in rascher Folge Manifeste, Dramen, Gedichte, die in ihrem Sturm- und Drang-Ton, ihrer impressionistisch farbigen, bewegten Darstellung Goethe nahestanden, so nahe, daß die Zeitgenossen anonym erschienene Werke Lenzens Goethe zuschrieben. Schubart nannte Goethe und Lenz die „Poeten-Zwillinge". Lenz sandte nach dem Erscheinen des „Götz" an Goethe einen scherzhaften Aufsatz „Unsere Ehe". In einem Briefe an seinen

Bruder Johann Christian nennt er Goethe „meinen Bruder", mein „zweites Du, durch die Bande der Freundschaft näher mit mir verbunden als durch die Bande des Bluts". „Im „Pandämonium germanicum" zeichnet er Goethe und sich, wie sie beide den Parnaß ersteigen, den anderen weit vorauf. „Bruder Goethe!" ruft er ihm zu und drückt ihn an sein Herz. Und Goethe erwidert: „Bleiben wir zusammen!" Im Herbst 1773 nannte Goethe Lenz „einen trefflichen Jungen, den ich wie meine Seele liebe". Und die gemeinsamen Tage des Frühjahrs 1775 in Straßburg und Emmendingen waren Gipfelpunkte in Lenzens Leben. „Ich habe mit Goethen Göttertage genossen, von denen sich nichts erzählen läßt", berichtete er Sophie von La Roche. Und Goethe schrieb zum Abschied aus Emmendingen in Lenzens Stammbuch:

> Zur Erinnerung guter Stunden,
> Aller Freuden, aller Wunden,
> Aller Sorgen, aller Schmerzen,
> In zwei tollen Dichterherzen,
> Noch im letzten Augenblick,
> Laß ich Lenzgen dies zurück.

Aber Lenzens Empfänglichkeit und Empfindlichkeit entspricht keine Goethesche Lebens- und Formkraft. Nur das Momentane, das Bild, die Strophe, die Szene, nur das Impressionistische gelingt ihr. Umsonst versucht er sich zu der dauernden Lebensgewalt Goethes hinaufzusteigern. Sein Wesen wird durch Goethes titanische Fülle überdehnt und zersprengt. Ein Lebensschicksal klagt aus seinem Aufschrei: „O mein Goethe! mein Goethe, daß du mich nie gekannt hättest. Das Schicksal stellt mich auf eine

Nadelspitze, wo ich immer nur schwankend dich sehen —
dir nichts erwidern kann."

Hilf- und heimatlos in sich selber tappt er hinter Goethe
her, („so ein zartes Maulwurfsgefühl und so ein neblich-
ter Blick", sagt Wieland von ihm), vom 4. April bis zum
1. Dezember 1776 weilt er in Weimar, aber seine schwei-
fende Unsicherheit und Kindlichkeit weiß sich zwischen diesen Fürsten des Lebens nicht zu behaupten, eine „Eselei"
(Goethe) — vielleicht gegen Frau von Stein — treibt ihn
von dannen. In Emmendingen sucht er Schutz und Trost.

Nach dem gemeinsamen Besuch mit Goethe war er
wieder und wieder dorthin zurückgekehrt. Schlosser war
ihm längst von Herzen zugetan, war auch in „Prinz Tandi
an den Verfasser des neuen Menoza" öffentlich für ihn
eingetreten. Cornelia war ihm — schon als dem Freunde
des Bruders — mit Wärme begegnet. Aber Lenz suchte
mehr in seiner Heimat- und Wurzellosigkeit; ein zweiter,
gefühlsblinderer Werther suchte er immer wieder in
Frauenherzen den Wurzelboden, den er der Wirklichkeit
nicht abgewinnen konnte. Und in halbbewußter Verbundenheit sucht er ihn in jenen Herzen, die wie er um
Goethe leiden, denen gleich ihm Goethe zum Schicksal
geworden ist.

So hat er zuerst seine Liebe Friederike Brion zugewandt,
ergreifend hat er ihr Leid um Goethe lyrisch gestaltet, er
hat ihr Lieder gewidmet, die in der gemeinsamen Sesenheimer Abschrift von denen Goethes kaum zu unterscheiden
waren. Und so kreiste jetzt seine Liebe und Imagination
leidverwandt und heimatsüchtig um Cornelia:

Du kennst mich nicht,
Wirst nie mich kennen,
Wirst nie mich nennen
Mit Flammen im Gesicht.

Ich kenne dich
Und kann dich missen —
Ach, mein Gewissen,
Was peinigst du mich?

Dich missen? Nein,
Für mich geboren —
Für mich verloren?
Bei Gott, es kann nicht sein.

Sei hoch dein Freund
Und groß und teuer —
Doch, ist er treuer
Als dieser, der hier weint?

Und dir mißfällt — —
O Nachtgedanken!!
Kenn ihn, den Kranken,
Sein Herz ist eine Welt.

In mehreren Gedichten, in einer Vers-Novelle „Petrarch", in einem Dramen-Bruchstück „Catharina von Siena", in fünfzehn „Selbstunterhaltungen", die er „Moralische Bekehrung eines Poeten" nennt, „von ihm selbst aufgeschrieben", drängt seine Liebe nach Ausdruck. „Engel, Trost, Beglückung meines Lebens, Kleinod, das der Himmel meinem Herzen zuwarf." „Ach Cornelia! Heiliger Schutzgeist, den Gott mir zugeschickt hat, Gott,

Gott selbst." In selbstgefälligen, glühenden Einbildungen spielt er sich vor, daß sie seine Liebe erwidere, nach ihm sich verzehre. Aber Frauen, denen Goethes Lebensherrlichkeit zum Schicksal geworden, blieben gebannt in ihr Schicksal wie in heilige Flammen. In diese Sphäre drang kein anderer ein. Vergebens fleht Lenz „Stelle mich zu deinem Bruder!" Sie konnte ihn, er sie nicht erlösen. Verbrannt und einsam blieben beide zurück vom Strahl ihres Gottes. Im April 1777 trieb es Lenz aus Emmendingen fort, er ging in die Schweiz und irrte dort von einem Freunde zum andern. Bald vernahm er, daß sie am 10. Mai 1777 dem ungeliebten Gatten eine zweite Tochter geschenkt. Ihre letzte Kraft war verbraucht. Am 8. Juni 1777 starb sie, 26 Jahre, 8 Monate alt.

Aus dem Gedicht, das Lenz zur Geburt des Kindes sandte, dunkeln die ersten Schatten seines Wahnsinns auf.

Ulrike von Kleist

War Goethes Wesen und Werden ein Sonnenweg, der Cornelia erst strahlend begleitete und dann geblendet zurückließ, so ist Kleists Leben ein dämonischer Wechsel von Aufsturm und Absturz, an dessen tragischem Ablauf keine Frau teilnehmen konnte. Nur an den Stationen dieses Kreuzwegs, wo Kleist zusammenbricht, darf die Schwester zu ihm eilen und ihm das Schweißtuch reichen. In liebe- und schicksalvoller Verbundenheit darf sie dem tragischen Genius in seine Einsamkeit und Eisigkeit die Wärme ihres leidenschaftlichen Herzens tragen, ihn durch sich ans Menschliche knüpfen.

Aber wenn sie liebend, ergriffen, erschüttert seinem unaufhaltsamen Schicksal bis fast zum dunklen Ende immer wieder beistehen darf — die bittere, unerbittliche, tragische Schranke bleibt für sie und ihn, daß sie — wie Kleists ganzes Zeitalter — die heilige Notwendigkeit dieses Schicksals: das Werk nie ganz begreift.

Ulrike (geboren 1774) war dreieinhalb Jahre älter als ihr Stiefbruder Heinrich, der erst der zweiten Ehe seines Vaters entsproß. Der Vater starb, als Heinrich elf, die Mutter, als er sechzehn Jahre alt war. Das Blut des alten preußischen Offiziersgeschlechts, das dem Lande achtzehn Generäle gegeben, trieb auch in Ulrike. Sie war ein kluges, entschlossenes, heiteres, zu allem Abenteuerlichen aufgewecktes Wesen, das gern in Männerkleidern reiste, in vielem eine männliche Natur, so daß Kleist in einem Neujahrswunsch für 1800 sie neckte:

Amphibion du, das in zwei Elementen stets lebet,
Schwanke nicht länger und wähle dir endlich ein sichres
Geschlecht.

Sie wurde mehr: „mein großes Mädchen" nennt sie ihr Bruder, „Du Erhabene", ruft er ihr zu. „Sie ist eine weibliche Heldenseele ... ein Wesen, das keinen Fehler hat, als diesen, zu groß zu sein für ihr Geschlecht." In der „Geschichte des Geschlechts von Kleist" heißt es, sie habe Napoleon ermorden wollen.

Von Jugend auf war Ulrike die einzige, die immer zu Kleist hielt, seine liebste Vertraute, die sich unter ihren konventionellen Freundinnen wohl ebenso fremd fühlte als Kleist unter seinen Kameraden. Sie allein fühlte hinter seiner seltsamen, verschlossenen Natur die tiefere Bedeutung. Als er 1799 die soldatische — eigentlich Kleistische — Laufbahn verläßt und nach Frankfurt a. O. geht zur Universität und zu ihr, da gesteht er: „Wie lehrreich und bildend Dein Umgang mir ist, wie vielen wahren Vorteil Deine Freundschaft mir gewährt, das scheue ich mich nicht, Dir offenherzig mitzuteilen ... Grundsätze und Entschlüsse wie die meinen bedürfen der Unterstützung, um über so viele Hindernisse und Schwierigkeiten unwandelbar hinausgeführt zu werden. Du, mein liebes Ulrikchen sicherst mir den Erfolg derselben. Du bist die Einzige, die mich hier ganz versteht ... Ich schätze Dich als das edelste der Mädchen und liebe dich als die, welche mir jetzt am teuersten ist. Wärst Du ein Mann oder nicht meine Schwester, ich würde stolz sein, das

Schicksal meines ganzen Lebens an das Deinige zu knüpfen."

Noch ahnungslos über seine dichterische Berufung studiert Kleist an seiner kleinen Heimatuniversität Philosophie, Mathematik und Physik, „mit dem allermühsamsten Fleiße". „Ich habe mir ein Ziel gesteckt, das die ununterbrochene Anstrengung aller meiner Kräfte und die Anwendung jeder Minute Zeit erfordert, wenn es erreicht werden soll." Nicht um ein Berufs-, und Spezialwissen ist es ihm zu tun: in den Sinn des Lebens und der Schöpfung will er vordringen. In rückhaltlosem, intellektualistischem Optimismus, ein glühender Jünger der deutschen Aufklärung, glaubt er, daß ihn das Wissen, die Philosophie, die reine Logik und ihre Grundlage, die reine Mathematik sicher dahin führen werde. Kraft, nur! kraft der fortschreitenden Aufklärung des Verstandes, der immer schärferen Verdeutlichung der Begriffe vermag das Ich, die Stelle, die ihm im großen Plan der Welt zugeteilt ist, zu erkennen und zu erfüllen. Alle Weltanschauung, alle Tugend, alle Bildung scheint ihm bedingt durch die Aufklärung des Verstandes, nur seine Vervollkommnung führt zur Vervollkommnung des Herzens und Charakters. Das Universum bildet einen einzigen großen Zweckzusammenhang, der sich der sinnlich befangenen, „verworrenen" Anschauung nur unvollkommen kund tut, aber der fortschreitenden Einsicht des Verstandes sich immer reiner, herrlicher, schrankenlos offenbart. So wirft sich dieser „nicht zu dämpfende Feuergeist" — wie ihn schon sein Jugendlehrer Martini nennt — mit der letzten Leidenschaftlichkeit seines Wesens in das

Studium der Philosophie, seinen ganzen „Lebensplan"
stellt er ausschließlich auf das Wissen, die rein theoretische
Erkenntnis. Und Ulrike allein kann und soll ihm darin
Genossin sein: „Welcher anderen Herrschaft — schreibt
er ihr im Mai 1799 — bist Du unterworfen als allein
der Herrschaft der Vernunft? Aber dieser sollst Du Dich
auch vollkommen unterwerfen. Etwas muß dem Menschen heilig sein. Uns beiden, denen es die Ceremonien
der Religion und die Vorschriften des conventionellen
Wohlstandes nicht sind, müssen um so mehr die Gesetze
der Vernunft heilig sein."

Niemand ahnte die dämonischen Kräfte, aus denen
Kleists abstrakte Studien wuchsen. Mißbilligend hatten
die Verwandten seinem Austritt aus dem Heere zugesehen,
sie hatten ihm sein geringes Vermögen, die unsicheren
Aussichten vorgehalten; und wenn er nun eine Wissenschaft trieb, so konnte es sich für sie nur um eine „Brotwissenschaft" handeln, Jurisprudenz oder Kameralwissenschaft. Seine Lebenspläne sind ihnen „so fremd und
ungleichartig, daß sie — gleichsam wie aus den Wolken
fallen, wenn sie etwas davon ahnden". „Tausend Bande
knüpfen die Menschen aneinander, gleiche Meinungen,
gleiches Interesse, gleiche Wünsche, Hoffnungen und Aussichten — alle diese Bande knüpfen mich nicht an sie."
Der werdende Tragiker erfährt die Einsamkeit, die „Einzelhaft" alles Irdischen, das brückenlose Nichtverstehen
und Mißverstehen von Mensch zu Mensch. „Was ich mit
diesem Interesse im Busen — schreibt er Ulrike — mit
diesem heiligen, mir selbst von der Religion, von meiner Religion gegebenen Interesse im engen Busen für

eine Rolle unter den Menschen spiele, denen ich von dem, was meine Seele erfüllt, nichts merken lassen darf — das weißt Du zwar nach dem äußeren Anschein, aber schwerlich weißt Du, was oft dabei im Innern mit mir vorgeht." Ulrike allein befreit ihn aus dieser gespenstigen Einsamkeit: „Wie man in einem heftigen Streite mit vielen Gegnern sich umsieht, ob nicht Einer unter allen ist, der uns Beifall zulächelt, so suche ich zuweilen Dich; und wie man unter fremden Völkern freudig einem Landsmann entgegenfliegt, so werde ich Dir, mein liebes Ulrikchen, entgegenkommen." Daran ändert auch seine Verlobung mit Wilhelmine von Zenge nichts. Sein einsames, überreiches Herz liebt sie, um seine schmerzhaft überdrängende Fülle hinauszugeben, um in der Hingabe sich selber freier und bewußter empfinden zu können. Er sieht und liebt sie nicht als Persönlichkeit — nur, daß sie keine ist, macht diese Liebe möglich — er will sie als sein Geschöpf. „Und wäre ein Mädchen noch so vollkommen — ist sie fertig, so ist es nichts für mich. Ich selbst muß es mir formen und ausbilden." So wächst er durch diese Liebe nicht aus seiner Einsamkeit heraus; nur seine Stimme ist es, die er in ihr vernimmt.

Immer schmerzlicher, immer wühlender erlebt Kleist die Schauer seiner tragischen Wiedergeburt. Lange bebt er davor zurück, die ganzen bisherigen Grundlagen seines Wesens, seinen leidenschaftlichen Glauben an die Allmacht der Vernunft, preiszugeben und über ihrem Zusammensturz seine neue, wesenseigene, tragische Welt zu errichten. In Kant, der ebensosehr der Vollender wie der Überwinder des Rationalismus war, der die Macht der Vernunft bis zu ihren letzten Möglichkeiten, aber damit auch zu ihren Grenzen geführt hatte, erfährt er die letzte Erschütterung. Kant führte ihn nicht nur zum höchsten Gipfel, sondern auch zum tiefsten Abgrund der Erkenntnis: wir erkennen die Welt, insofern wir sie erschaffen, aber wir erschaffen nicht die Welt an sich; das Material der Erkenntnis, das Chaos vor der Schöpfung ist uns gegeben; wir erschaffen nur die Form der Welt; nicht die „Dinge an sich", nur die Dinge für uns, nur ihre „Erscheinung" sind uns zugänglich. „Was es für eine Bewandtnis mit den Gegenständen an sich haben möge, bleibt uns gänzlich unbekannt; wir kennen nichts als unsre Art sie wahrzunehmen."

Vor dieser unerbittlichen Begrenzung — die das aufdämmernde Lebensgefühl des Tragikers: „Und sehe, daß wir nichts wissen können", bestätigte — brach Kleist zusammen. Je leidenschaftlicher, je fanatischer er der Allmacht der Vernunft vertraut, je rückhaltloser er auf sie seinen ganzen Lebensplan, seine ganze Bestimmung aufgebaut hatte, desto tiefer fühlte er sich enttäuscht, betrogen, verraten und verdammt. In zwei verzweifelnden Briefen an die Braut und an die Schwester ballt er den Aufschrei dieses Zusammenbruchs. „Der Gedanke" — schreibt er Ulrike — „daß wir hienieden von der Wahrheit nichts, gar nichts wissen, hat mich in dem Heiligtum meiner Seele erschüttert. — Mein einziges und höchstes Ziel ist gesunken, ich habe keines mehr. Seitdem ekelt mich vor den Büchern, ich lege die Hände in den Schoß und suche ein neues Ziel. Aber ich finde es nicht, und eine innerliche Unruhe treibt mich umher, ich laufe auf Kaffeehäuser und Tabagieen, in Konzerte und Schauspiele, ich begehe, um mich zu zerstreuen und zu betäuben, Torheiten, die ich mich schäme, aufzuschreiben, und doch ist der einzige Gedanke, den in diesem äußern Tumult meine Seele unaufhörlich mit glühender Angst bearbeitet, dieser: dein einziges und höchstes Ziel ist gesunken."

Wie in einem wahnsinnigen Gedanken an Flucht jagt es ihn auf: „Mein Wille ist zu reisen. Arbeiten könnte ich doch nicht, ich wüßte nicht, zu welchem Zwecke? Ich will mir einen Zweck suchen, wenn es einen gibt. Willst Du mitreisen, so steht es in Deiner Willkür. Einen frohen Gesellschafter wirst Du nicht finden, auch würden die Kosten nicht gering sein. Mein Wille ist, durch Frankreich (Paris), die Schweiz nnd Deutschland zu reisen."

Gewiß hat Ulrike die erschütternde Bedeutung dieses Erlebnisses nicht begreifen können — Kleist selber übersah sie nicht —, sie wußte nur den geliebten Bruder in Not und Verdüsterung, und keinen Augenblick säumte sie, an seine Seite zu eilen. Gemeinsam begannen sie die schmerz- und unruhvolle Fahrt nach dem „neuen Ziel" — nach der Tragödie.

Geheimnisvoll ziehen das innere und äußere Schicksal des Menschen, zumal des überragenden, schöpferischen Menschen, einander an. Kaum hat Kleist die rationalistischen Trümmer seiner Jugendanschauung hinter sich gelassen, kaum drängt er auf verworrenen Wegen seiner neuen Bestimmung, der Tragödiendichtung zu, so nehmen seine Tage und Taten tragische Färbung an. Der Zwiespalt wie die Ironie des Tragischen umstricken und umdüstern ihn. „Innerlicher Ekel vor aller wissenschaftlicher

Arbeit" treibt ihn zur Reise. Aber wie er sich und Ulrike die Pässe besorgt, muß er einen Reisezweck angeben; und da er den wahren — Ekel und Flucht vor allem Wissen — nicht nennen kann, so täuscht er als den wahrscheinlichsten eben den vor, der ihn ekelt: in Paris zu studieren, Mathematik und Naturwissenschaft. In Paris, wo er diesem Ausweis gemäß wirklich einige Vorlesungen besucht, höhnt und stöhnt er voll Bitterkeit: „Ach, Wilhelmine, die Menschen sprechen mir von Alkalien und Säuren, indessen mir ein allgewaltiges Bedürfnis die Lippen trocknet." In Butzbach, bei Frankfurt a. M., scheuten die Pferde des Reisewagens, während sie bei abgehängten Zügeln vor einem Wirtshaus getränkt wurden, durch ein Eselsgeschrei und gingen durch; der Wagen schlug zertrümmert um, Kleist und Ulrike stürzten hinaus — „Und", sagt Kleist mit erbitterter Ironie, „an einem Eselsgeschrei hing ein Menschenleben? Und wenn es nun in dieser Minute geschlossen gewesen wäre, darum also hätte ich gelebt? Darum? Das hätte der Himmel mit diesem dunklen, rätselhaften, irdischen Leben gewollt, und weiter nichts?"

Bitterkeit und Weh! Ironie und Zwiespalt! Qualvoll und düster muß dieser Kreuzweg der tragischen Berufung gewesen sein, für Kleist und für Ulrike! Mitleidig sah sie dem Ringen und Rasen, dem abgründigen Leiden dieses „Feuergeistes" zu und litt doppelt, da sie nicht helfen konnte: seine Gethsemane-Stunde erlebt jeder Genius allein. Sie konnte nicht helfen und versuchte es doch in immer neuen, rührenden, ungeschickten Versuchen. Sie verstand nicht, was in ihm vorging — er selber verstand es ja erst allmählich —, schließlich suchte sie nach körperlichen Gründen für seine Düsterkeit: „Du rietest mir" — schreibt Kleist ihr später — „einmal in Paris, ich mögte, um heiterer zu werden, doch kein Bier mehr trinken, und sehr empfindlich war mir diese materialistische Erklärung meiner Trauer." Welch wilde Bitternis, welch gellende Ironie mag den werdenden Tragiker in jenem Augenblick durchzuckt haben. Und wie peitschend mag seine Antwort gewesen sein! „Hab ich jemals Gewissensbisse gefühlt, so ist es bei der Erinnerung an mein Betragen gegen Dich auf unserer Reise. Ich werde nicht aufhören, dich um Verzeihung zu bitten, und wenn Du in der Sterbestunde bei mir bist, so will ich es noch tun."

Nicht persönliche, zufällige Verständnislosigkeit war es, in die Kleist damals hineinsah, wieder starrte er in den Abgrund zwischen Mensch und Mensch. Jetzt klaffte er selbst zwischen ihm und der Schwester, der „Freundin", der „Einzigen auf der Welt". Und nicht genug, daß sie einander nicht verstehen, sich mißdeuten, daß kein Wort den Abgrund überbrückt, sie drängen, stoßen, verwunden einander, unter dem Fluch der Vereinzelung, in den alles Endliche gebannt ist. „Wie konnte ich dich oft in demselben Augenblicke so innig lieben und doch so empfindlich beleidigen!"

Kleist geben diese leid- und rätselvollen, tragischen Erfahrungen das schöpferische Grundgefühl seiner Tragödien — jetzt entsteht die „Familie Schroffenstein". Ulrike vermag die persönlichen Erfahrungen und Leiden nicht schöpferisch in allgemeine umzuschmelzen. Bis zum unseligen Tode des Bruders spürt sie immer wieder das fremde bittere Weh, daß sie am tiefsten, tragischen Untergrunde seines Wesens nicht teilhat, daß sie ein Letztes in ihm nicht versteht. Auch seine Dichtungen bleiben ihr fremd in ihrer letzten Bedeutung; sie kam nicht völlig los von den Voraussetzungen ihres Blutes und ihrer Zeit, die ja auch Kleist nur in vulkanischen Erschütterungen und Ausbrüchen überwand. Wie wenige wußten damals diese Dichtungen zu würdigen! Aber unerschütterlich blieb ihre Liebe, unerschöpflich ihre Sorge.

Auf der Rückreise trennten sich die Geschwister in Frankfurt a. M. Kleist reiste nach Basel und Bern, Ulrike in die Heimat weiter. „Ich habe" — schreibt ihr Kleist von Basel — „auf meiner Reise oft Gelegenheit gefunden, mich Deiner zu erinnern, und wehmütiger, als Du glaubst. Denn immer sah ich dich, so wie Du dich in den letzten Tagen, ja auf der ganzen Fahrt von Paris nach Frankfurt mir zeigtest. Du warst so sanft," und: „Ich wollte, Du wärst bei mir geblieben. — Sind wir nicht wie Körper und Seele, die auch oft im Widerspruche stehen und doch ungern scheiden?"

Nun folgen die Wochen mit Zschokke und dem jungen Wieland in Bern, die unglückseligen Schaffenswochen auf der Delosea-Insel, sein Zusammenbruch in Bern. Zwei Monate lag er dort im Hause eines Arztes. Der Schwester wollte er seine traurige Lage, seine wehe Enttäuschung verbergen. Seinem Schwager schrieb er: „Ich liege seit zwei Monaten krank in Bern ... Ich bitte Gott um den Tod und Dich um Geld. Ich kann und mag nichts weiter schreiben als dies Allernotwendigste." Sofort wirft sich Ulrike wieder in den Reisewagen und eilt nach Bern, den Bruder zu pflegen. „Ungesäumt nehme ich Geld auf, bestelle Postpferde und setze mich in Begleitung eines Bedienten auf und fahre Tag und Nacht." Die Schweiz ist im Bürgerkrieg, Bern soll geschlossen sein, erfährt sie unterwegs, niemand dort aus und ein dürfen — sie kehrt sich an nichts, zwischen bewaffneten Truppen drängt sie sich durch, bis sie in Bern den schon genesenen Bruder findet. Ihre Erzählung dieser Reise zeigt in der anschauungsstarken, dramatisch jagenden Beobachtung und Schilderung die Schwester ihres Bruders.

Weiter geht Kleists Ringen um die große Tragödie. Sein Verzweiflungskampf um „Robert Guiskard" beginnt. Je tiefer er sich seiner inneren unbedingten Welt verschreibt, desto heimatloser wird er in der äußeren. Beruf, Amt, Heimat, Verlobung sinken hinter ihm zusammen. „Mein liebes Ulrikchen, zurückzukehren zu Euch ist, so unaussprechlich ich Euch liebe, doch unmöglich, unmöglich. Ich will lieber das Äußerste ertragen — Laß mich. Erinnere mich nicht mehr daran. Wenn ich auch zurückkehrte, so würde ich doch gewiß, gewiß ein Amt nicht nehmen." Bitter fühlt er, daß seine Nächsten, daß selbst Ulrike sich um sein äußeres, bürgerliches Schicksal ängsten, während er zerbricht unter der Göttlichkeit und Dämonie seiner Berufung. Bitter und weh! „Ich aber drücke mich an ihre Brust und weine, daß das Schicksal, oder mein Gemüt — und ist das nicht mein Schicksal? eine Kluft wirft zwischen mich und sie."

Ulrike allein verbindet ihn mit der Welt. Sie ist ihm das Sinnbild alles Heimatlichen, dem er entfremdet ist, und das er doch nicht lassen kann, das er einmal — „zu so vielen Kränzen noch einen auf unsere Familie herabringend" — sich durch die Macht seines Werkes neu zu verbinden hofft. Ulrike ist der Name, um den Sturm und Sturz der Guiskard-Wochen sagen: "Mein liebes Ulrikchen, der Anfang meines Gedichtes, das der Welt Deine Liebe zu mir erklären soll, erregt die Bewunderung aller Menschen, denen ich es mitteile. O Jesus! Wenn ich es doch vollenden könnte!" schreibt er jubelnd aus Weimar, wo er Wielands ehrfürchtige Anerkennung erlebt. "Das war der stolzeste Augenblick meines Lebens." Aber die Tragik seines Lebens gönnte ihm keine Ruhe, entriß ihn dem Boden, wo er zum erstenmal Wurzeln trieb, "wo ich mehr Liebe gefunden habe, als die ganze Welt zusammen aufbringen kann." Und — tragische Ironie! — die Liebe selber war es, die ihn versagte: "Ich habe mehr Liebe gefunden als recht ist und muß über kurz oder lang wieder fort; mein seltsames Schicksal!" Wielands jüngste Tochter, die noch nicht vierzehnjährige Luise, hatte dem dunklen, leid- und rätselvollen Gast ihre Liebe zugewandt. Und er "der Flüchtling, der Unbehauste" fand aus den Gewitterspannungen seines Schaffens nicht Weg noch Recht zu ihr. Er mußte vor der Liebe flüchten! "Ich mußte fort! O Himmel, was ist das für eine Welt!"

Abgrund und Leiden, Dunkel und Einsamkeit. Das Wort ist machtlos. "Ich weiß nicht, was ich Dir über mich unaussprechlichen Menschen sagen soll — Ich wollte, ich könnte mir das Herz aus dem Leibe reißen, in diesen Brief packen und Dir zuschicken ... Es waren recht traurige Tage! Und ich hatte eine recht große Sehnsucht nach Dir, o Du meine Freundin!" "Wenn Ihr mich in Ruhe ein paar Monate bei Euch arbeiten lassen wolltet, ohne mich mit Angst, was aus mir werde, rasend zu machen, so würde ich — ja, ich würde!" Mit müder Genugtuung verweist er sie auf eine lobende Besprechung seines ersten Dramas, das er doch längst hinter sich gelassen: „Und ich schwöre Euch, daß ich noch viel mehr von mir weiß ... Aber ich muß Zeit haben, Zeit muß ich haben — O Ihr Erynnien mit Eurer Liebe!"

Wieder jagt ihn die Dämonie seines Schaffens; als Gast seines Freundes — „der Rest meines Vermögens ist aufgezehrt" — durcheilt er die Schweiz, Bern, Thun, Mailand, Venedig; kein Wort erzählt von der Reise; sie geht hin in wechselndem Aufsturm und Absturz, im verzweifelten Unterfangen, das Werk, „Guiskard", zu vollenden oder zu vergessen. In Genf bricht er zusammen; in erhabener Resignation schreibt der tödlich Ermüdete: „Der Himmel weiß, meine teuerste Ulrike, wie gern ich einen Blutstropfen aus meinem Herzen für jeden Buchstaben eines Briefes gäbe, der so anfangen könnte: ‚mein Gedicht ist fertig'... Ich habe ein halbtausend hintereinander folgender Tage, die Nächte der meisten mit eingerechnet, an den Versuch gesetzt, zu so vielen Kränzen noch einen auf unsere Familie herabzuringen; jetzt ruft mir unsere heilige Schutzgöttin zu, daß es genug sei. Sie küßt mir gerührt den Schweiß von der Stirne und tröstet mich, ‚wenn jeder ihrer lieben Söhne nur eben so viel täte, so würde unsrem Namen ein Platz in den Sternen nicht fehlen.' Und so sei es denn genug." Im Absturz noch denkt dieser Ikaride in schicksalvoller Liebe jener Heimat und Familie, die ihn liebt und — nicht versteht.

Mittellos begibt er sich über Lyon nach Paris, wo er alle Manuskripte verbrennt. Von Todesgedanken gehetzt, verläßt er den Freund und wandert verstört, zu Fuß, ohne Paß an die Nordküste Frankreichs, um in Boulogne sich der Expedition Napoleons gegen die Engländer anzuschließen und so — im Dienste des Erbfeinds! — den Tod zu finden. Ein Brief an Ulrike, um die auch jetzt sein Fühlen in Fremdheit und Liebe ekstatisch schwingt, gibt die wunde Leidenschaft und Entrückung dieser Tage in dunklem, metaphysischem Glanz: „Meine teure Ulrike! Was ich Dir schreiben werde, kann Dir vielleicht das Leben kosten; aber ich muß, ich muß, ich muß es vollbringen. Ich habe in Paris mein Werk, soweit es fertig war, durchlesen, verworfen und verbrannt: und nun ist es aus. Der Himmel versagt mir den Ruhm, das größte der Güter der Erde; ich werfe ihm wie ein eigensinniges Kind, alle übrigen hin. Ich kann mich Deiner Freundschaft nicht würdig zeigen, ich kann ohne diese Freundschaft doch nicht leben: ich stürze mich in den Tod... O Du Geliebte, Du wirst mein letzter Gedanke sein!"

Die Expedition Napoleons gegen England kam nicht zustande. Den entrückt Umherirrenden nimmt ein Bekannter mit nach Paris, wo der preußische Gesandte dem Zerrütteten einen direkten Paß nach Potsdam ausstellt und ihn so zur Heimkehr zwingt. In Mainz bricht er auf fünf Monate nieder. Auf zwei Jahre ist er der schöpferischen Kraft beraubt. Nun gibt er den Ermahnungen seiner Familie nach, er bewirbt sich um ein Amt. Ulrike kommt zu ihm nach Potsdam, sie ebnet ihm die Wege zur Anstellung, sie hält ihn fest bei anvertrauten Probearbeiten, sie ist selig, da er endlich als Diätar bei der Domänenkammer in Königsberg Unterkunft findet. Er freut sich ihrer Freude, des „Einzigen, um dessentwillen mich der glückliche Erfolg wahrhaft freut" — aber mit allem wehmütigen Wissen um seine letzte, unüberbrückbare Einsamkeit: „Ich weiß, daß Du mir gut bist, und daß Du mein Glück willst, Du weißt nur nicht, was mein Glück wäre."

Dann kommen die Jahre in Königsberg. Im Schöpferglück findet Kleist sich wieder. „Amphitryon", „Der zerbrochene Krug", „Penthesilea" wachsen. Aber das Unglück des Vaterlandes, die Schlachten von Austerlitz und Jena mit all ihren Folgen, schwere Nervenstörungen verdüstern ihn: „Wie schrecklich sind diese Zeiten! Wie gern mögt ich, daß Du an meinem Bette säßest, und daß ich Deine Hand hielte; ich fühle mich schon gestärkt, wenn ich an Dich denke." Über dem Weh des Vaterlandes scheinen ihm alle persönlichen Leiden und Verstimmungen — er hat inzwischen sein Amt wieder aufgegeben — nichtig! Und wie am Schluß einer Tragödie die Überlebenden sich über Gräbern und Leichen die Hände geben in tragischer Liebe und Versöhnung: „Kein besserer Augenblick für mich, Euch wiederzusehen als dieser. Wir sänken uns, im Gefühl des allgemeinen Elends, an die Brust, vergäßen und verziehen einander und liebten uns, der letzte Trost, der dem Menschen in so fürchterlichen Augenblicken übrig bleibt." Ulrikes Briefe geben ihm „ganz unendliche Freude. Liebe, Verehrung und Treue wallten wieder so lebhaft in mir auf wie in den gefühltesten Augenblicken meines Lebens. Es liegt eine unsägliche Lust für mich darin, mir Unrecht von Dir vergeben zu lassen;

der Schmerz über mich wird ganz überwältigt von der Freude über dich."

Im Januar 1807 verläßt Kleist Königsberg und wird in Berlin, der Spionage verdächtig, vom französischen Gouvernement gefangengenommen und als Kriegsgefangener nach Chalons sur Marne gebracht. Sofort eilt Ulrike nach Berlin, um persönlich seine Befreiung zu betreiben. Ihr Schreiben an den Gouverneur ist voll Klugheit, Nachdruck und Würde und betont voll schwesterlichen Stolzes, „daß mein Bruder nicht ohne Namen und Ansehen in der literarischen Welt, daß er einiger Teilnahme würdig ist". „Wie frohlocke ich" — schreibt Kleist ihr aus Chalons — „wenn ich Alles denke, was Du mir bist, und welch eine Freundin mir der Himmel an Dir geschenkt hat!" Schon von dort aus bittet er sie, nach seiner Befreiung mit ihm zu leben: „Wir werden glücklich sein. Das Gefühl, miteinander zu leben, muß Dir ein Bedürfnis sein, wie mir. Denn ich fühle, daß Du mir die Freundin bist, Du Einzige auf der Welt!"

Literarische Verbindungen ziehen Kleist nach Dresden. In geistig schöpferischem Verkehr lebt er auf, vollendet alte Werke und schafft neue, Novellen, „Käthchen von Heilbronn", „Die Hermannschlacht". Als Verleger will er sein Leben praktisch unterbauen. Er beginnt die Monatsschrift „Phöbus", er plant eine „Buch=, Karten= und Kunsthandlung". Ulrike soll das Kapital dazu vorschießen. Längst hat sie dem Bruder in seinen Geldnöten einen Teil ihres Vermögens geopfert, sie verweigert „nach so vielen Aufopferungen auch die letzte nicht". Und es bleibt nicht die letzte. Noch bei Kleists Lebzeiten beginnt sie, um sich zu erhalten, mit dem Rest ihres Vermögens ein Mädchenpensionat einzurichten.

In aufflammender vaterländischer Hoffnung eilt Kleist nach dem Siege des Erzherzogs Karl bei Aspern auf die österreichischen Schlachtfelder. Der Schlag von Wagram folgt und wirft ihn nieder. Er begibt sich nach Berlin, er bittet Ulrike, „ein oder ein paar Monate nach Berlin zu kommen und mir, als ein reines Geschenk, Deine Gegenwart zu gönnen". Seine letzte Leidens- und Schaffensspanne beginnt. „Prinz Friedrich von Homburg" entsteht und findet keinen Verleger, gleich der „Hermannsschlacht", gleich einem Roman, dessen Handschrift verloren geht. Der Erfolg, der anfangs seiner geschickten Leitung der „Abendblätter" zukommt, wird durch Regierungsmaßregeln zunichte. Aufs neue mittellos bittet er, in Erwartung einer nahen preußischen Erhebung, den König um Wiedereinstellung in die Armee. Der König antwortet ausweichend. Statt einer Erhebung folgt Preußens Allianz. „Was soll man doch, wenn der König diese Allianz abschließt, länger bei ihm machen? Die Zeit ist ja vor der Tür, wo man wegen der Treue gegen ihn, von ihm selbst gerichtet an den Galgen kommen kann." „Es ist mir ganz stumpf und dumpf vor der Seele, und es ist auch nicht ein einziger Lichtpunkt.., sonderbar, wie mir Alles, was ich unternehme zu Grunde geht, wie sich mir immer, wenn ich mich einmal entschließen kann, einen festen Schritt zu tun, der Boden unter meinen Füßen wegzieht."

Nervös, gehetzt, zerrissen, sucht der Schicksalgefolterte noch einmal seine Familie auf, sie um Hilfe zu bitten. Seine unerwartete, wilde, gespenstige Erscheinung entsetzte die Schwestern so, daß er sofort wieder dem Haus enteilte. Zu Tode bestürzt schreibt er Ulrike ein paar Zeilen abgründigen Wehs, verwundeter Liebe, in denen er zuerst seines Wunsches um Hilfe gedenkt: „Da Du Dich aber, mein liebes, wunderliches Mädchen, bei meinem Anblick so ungeheuer erschrocken hast, ein Umstand, der mich, so wahr ich lebe, auf das Allertiefste erschütterte: so gebe ich, wie es sich von selbst versteht, diesen Gedanken völlig auf, ich bitte Dich von ganzem Herzen um Verzeihung, und beschränke mich, entschlossen, noch heut Nachmittag nach Berlin zurückzureisen, bloß auf den anderen Wunsch, der mir am Herzen lag, Dich noch einmal auf ein paar Stunden zu sehn. Kann ich bei Dir zu Mittag essen?"

Dieses Mittagessen mit den beiden Schwestern — das Kleist vier Wochen später seiner Kusine Marie von Kleist schildert, der diese letzten Jahre seine wachsende Liebe galt — muß furchtbar gewesen sein. Da saßen diese Menschen, die sich liebten, blutsverwandt, schicksalverbunden. Da saß Ulrike, die Kleist in Not und Tod zur Seite gestanden, ihm Geld und Jugend geopfert hatte: Schwester, Freundin, Geliebte, die „Einzige auf der Welt". Und in gellendem Unverstand, in gespenstiger Fremdheit marterten sie den Todwunden mit Vorwürfen über sein zerbrochenes Leben; in Gegenwart eines Gastes, der dazukam, werfen sie ihm die tragische Schuld seines Schicksals als banale persönliche Verschuldung vor. Ihr Leiden um seine zerstörte Existenz wird zur Bitterkeit, ihre Klage zur Anklage, ihre Hilflosigkeit zur Gereiztheit und zur Gehässigkeit. Sie übersteigern sich in Vorwürfen. Und Kleist, dessen „Seele so wund ist, daß mir, ich mögte fast sagen, wenn ich die Nase aus dem Fenster stecke, das Tageslicht wehe tut, das mir darauf schimmert", sieht sich von seinen Nächsten, die er liebte, denen er in dämonischem Schaffen den Kranz des Ruhmes mit errungen hatte, verkannt, verzerrt, verlästert „als ein ganz nichtsnutziges Glied der menschlichen Gesellschaft, das keiner Teilnahme mehr wert sei", sein ganzes Leben, diese Schicksalskette aus Blutstropfen und Schöpfungsperlen, sieht er zerrissen, beschmutzt, in den Staub geworfen. „Lieber zehnmal den Tod erleiden, als noch einmal wieder erleben, was ich das letztemal in Frankfurt an der Mittagstafel zwischen meinen beiden Schwestern empfunden habe." Mich so „betrachtet zu sehen, ist mir überaus schmerzhaft, wahrhaftig es raubt mir nicht nur die Freuden, die ich von der Zukunft hoffte, sondern es vergiftet mir auch die Vergangenheit." Was konnte er noch von den andern erwarten, wenn so die Nächsten vor ihm zurückbebten? Grauenvoll empfindet er die Einsamkeit und Dunkelheit alles Endlichen, der er im ersten seiner Dramen Gestalt gegeben. Flauberts furchtbarer Aufschrei durchgellt ihn: „Ach, wir sind alle in einer Wüste. Keiner versteht den andern ... Man trifft sich nur, indem man sich stößt, und jeder klagt, wenn er seine zerrissenen Eingeweide in den Händen hält, den andern an, der seine zusammenrafft." Einst hatte er Wilhelmine unschuldigschuldvoll zugerufen: „Ach, warum kann ich dem Wesen, das ich glücklich machen sollte, nichts gewähren als Tränen? Warum bin ich verdammt, das, was ich liebe, mit jeder Handlung zu verletzen?" Jetzt erlitt er das gleiche, erlitt es von denen, die ihn nicht weniger liebten.

"Es ist mir ganz unmöglich, länger zu leben." Mit Henriette Vogel, die an einem unheilbaren Krebsleiden litt und in schwärmender Schwermut sich zu ihm fand, geht er in den Tod. Wenige Tage vorher schreibt er an Marie von Kleist: "Lebe wohl! Du bist die Allereinzige auf Erden, die ich jenseits wieder zu sehen wünsche. Etwa Ulriken? — ja nein, nein ja: es soll von ihrem eigenen Gefühl abhangen. Sie hat, dünkt mich, die Kunst nicht verstanden, sich aufzuopfern, ganz für das, was man liebt, in Grund und Boden zu gehn." Aber am Todestage selbst weiß er — im Brief an Kriegsrat Peguilhin, den Freund der Familie Vogel — keinen andern als Ulrike, der ihm die letzte Liebe tut: "Die [Bestattungs-]Kosten, was mich betrifft, werden Ihnen von Frankfurt aus, von meiner Schwester Ulrike wieder erstattet werden." Und der letzte Brief seines Lebens ist ein Brief an die Schwester voll tragischer Einsicht, Liebe und Versöhnung: "Ich kann nicht sterben, ohne mich ... meine teuerste Ulrike, mit Dir versöhnt zu haben. Laß sie mich, die strenge Äußerung, die in dem Briefe an die Kleisten enthalten ist, laß sie mich zurücknehmen; wirklich, Du hast an mir getan, ich sage nicht, was in Kräften einer Schwester, sondern in Kräften eines Menschen stand, um mich zu retten: die Wahrheit ist, daß mir auf Erden nicht zu helfen war."

So erfüllt sich, was er zwei Jahre vorher der Schwester verheißen hat — die in ihrer Liebe wie in ihrer Fremdheit den schicksalvollen Typus der Schwester eines Genies bedeutet —: "Dein Name wird das letzte Wort sein, das über meine Lippen geht."

Die Gattin

Chriſtiane
nach einer Sandzeichnung Goethes (1789)

Christiane von Goethe

Die Gemeinschaft von Mutter und Sohn, von Schwester und Bruder ist zugleich gegeben und gefordert: was die Natur im Blute erschuf, soll der Mensch im Geiste und in der Seele erschaffen. Die Gemeinschaft von Gatte und Gattin ist in ihrer Wahl und Erfüllung die Tat und Aufgabe des freien sittlichen Willens, der sich in der Liebe metaphysischen Zusammenhängen des Blutes und der Seele ehrfürchtig eins glaubt. Die Ehe wird ihm zur höchsten Lebensform der menschlichen Gesellschaft, in der nicht nur menschliche Gemeinschaft, sondern die Durchdringung der polaren Welt- und Menschenwerte, Idee und Sinnlichkeit, Geist und Leib zur Aufgabe gesetzt ist. Ihre vollkommene Erfüllung gibt die höchste, beglückende Lebenseinheit, das schönste Symbol einer wesenhaften, einmal erfüllbaren Welteinheit.

Aber je höher eine Persönlichkeit emporsteigt, desto seltener wird sie ihr Gegenbild, ihre seelisch-geistige, vielleicht metaphysische Ergänzung finden. Auf den Höhen des Genius ist die Begegnung wertgleicher und wesensgemäßer Persönlichkeiten fast unmöglich. Darum haben die wenigen künstlerischen Genies, die nicht unverehelicht geblieben sind, fast stets auf die Persönlichkeit im Weibe verzichtet und sich mit einem reinen Urbild der Gattung begnügt. Ihr einsamer, wissender Geist hat sich der unbewußten Natur vermählt. So ist Goethes Verhältnis zu Christiane Vulpius begründet.

Als Goethe Christiane näher trat, war er auf seiner Entwicklungsbahn aus der natürlichen Gemeinschaft in individuellem Ringen hinausgeschritten, er hatte sich zu seiner Sonderart geklärt und befreit, er hatte das menschheitlich Höchste erreicht: durch Zwiespalt und Sonderung hindurch die angeborene, gegebene Einheit mit der Natur und Gattung in Ehrfurcht und Bewußtheit neu zu gewinnen. Wo war ein Weib, das diesen Weg vollendet hätte? Die bedeutendsten Frauen waren bis zum Selbst- und Sonderbewußtsein gelangt, sie hätten durch ihren unausgeglichenen Zwiespalt Goethes Einheit ständig beunruhigt. Nur in der Einheit vor dem Zwiespalt, im Unbewußten konnte er das lebendige Symbol seiner Einheit finden, in der reinen Natur: in Christiane.

Sie erfüllte ihn bei der Ausarbeitung der „Römischen Elegien":

Einst erschien sie auch mir, ein bräunliches Mädchen, die Haare
Fielen ihr dunkel und reich über die Stirn herab,
Kurze Locken ringelten sich ums zierliche Hälschen,
Ungeflochtenes Haar krauste vom Scheitel sich auf.
Und ich verkannte sie nicht, ergriff die Eilende; lieblich
Gab sie Umarmung und Kuß bald mir gelehrig zurück.

Sie gab ihm Gedichte wie „Der Besuch" und „Morgenklagen", die voll heiterer sinnlicher Gegenwart sind. Da sie ihm die Urformen menschlichen Seins vermittelte, konnte sie in der „Metamorphose der Pflanzen" ihn zu den Urformen natürlichen Seins geleiten:

... Jede Pflanze verkündet dir nun die ew'gen Gesetze,
Jede Blume, sie spricht lauter und lauter mit dir.
Aber entzifferst du hier der Göttin heilige Lettern,

Überall siehst du sie dann, auch in verändertem Zug.
Kriechend zaudre die Raupe, der Schmetterling eile geschäftig,
Bildsam ändre der Mensch selbst die bestimmte Gestalt.
O, gedenke denn auch, wie aus dem Keim der Bekanntschaft
Nach und nach in uns holde Gewohnheit entsproß,
Freundschaft sich mit Macht aus unsrem Innern enthüllte,
Und wie Amor zuletzt Blüten und Früchte gezeugt.
Denke, wie mannigfach bald die, bald jene Gestalten,
Still entfaltend, Natur unsern Gefühlen geliehn!
Freue dich auch des heutigen Tags! Die heilige Liebe
Strebt zu der höchsten Frucht gleicher Gesinnungen auf,
Gleicher Ansicht der Dinge, damit in harmonischem Anschaun
Sich verbinde das Paar, finde die höhere Welt.

Goethe selber nennt Christiane gern sein „kleines Naturwesen". Sie wächst vom „Bettschatz", wie sie in Frau Ajas Briefen anfangs heißt, zum „guten Hausschatz", der treulich waltend der Wirtschaft vorsteht, vom Hausschatz zur Mutter und Gattin. Vermag sie auch an Goethes künstlerischem Schaffen nicht teilzunehmen, muntert sie ihn etwa zur Arbeit am Wilhelm Meister mit den kindlichahnungslosen, gutmütigen Worten auf: „Daß es mit dem Roman nicht gehen will, ist ja kurios, doch vielleicht gehet es noch, man muß nicht gleich verzagen" — im Menschlich-Einfachsten verbindet sie ihn dem Menschlich-Tiefsten. „Ihm sei es jetzt gar wohl," sagt er im August 1788 zu Caroline Herder, die es ihrem Gatten schreibt, „daß er ein Haus habe, Essen und Trinken und dergleichen. Alles, was Du in Deinen drei Bänden der Philosophie der Menschheit geschrieben hättest, käme alles darauf hinaus, daß ein Mensch ein Hauswesen besitze." Ähnlich schallt es 1790 aus den „Venetianischen Epigrammen":

Warum treibt sich das Volk so und schreit? es will sich ernähren,
Kinder zeugen und die nähren, so gut es vermag.
Merke dir, Reisender, das und tue zu Hause desgleichen!
Weiter bringt es kein Mensch, stell er sich, wie er auch will.

Auch an den „Venetianischen Epigrammen" hat Christiane Teil wie an den „Römischen Elegien", einige Epigramme, die ihr gelten, hätten ebensogut dort Platz gefunden. „Ich gestehe gern, daß ich das Mädchen leidenschaftlich liebe. Wie sehr ich an sie geknüpft bin, habe ich erst auf dieser Reise gefühlt. Sehnlich verlange ich nach Hause."
Ach, ich verstehe mich wohl: es ist mein Körper auf Reisen,
Und es ruhet mein Geist stets der Geliebten im Schoß.

Aus der übermütig betonten Einfachheit des All-Menschlichen führen die „Venetianischen Epigramme" zu den Tiefen des Christianen-Erlebnisses, den heiligen Tiefen des Lebens, den letzten, die Goethes reiner Menschlichkeit fehlen:
Wonniglich ist's, die Geliebte verlangend im Arme zu halten,
Wenn ihr klopfendes Herz Liebe zuerst dir gesteht.
Wonniglicher, das Pochen des Neulebendigen fühlen,
Das in dem lieblichen Schoß immer sich nährend bewegt.
Schon versucht es die Sprünge der raschen Jugend; es klopfet
Ungeduldig schon an, sehnt sich nach himmlischem Licht.
Harre noch wenige Tage! Auf allen Pfaden des Lebens
Führen die Horen dich streng, wie es das Schicksal gebeut.
Widerfahre dir, was dir auch will, du wachsender Liebling —
Liebe bildete dich: werde dir Liebe zu teil!

In den Briefen findet diese Bedeutung Christianes die schlichte Fassung: „Ich hoffe, bald meinen Rückweg anzutreten. Mein einziger Wunsch ist, Dich und den Kleinen wiederzusehen, man weiß garnicht, was man hat, wenn man zusammen ist... Ach, mein Liebchen! Es ist nichts besser, als zusammen zu sein. Wir wollen es uns immer sagen, wenn wir uns wieder haben... Sei ja ein guter Hausschatz und bereite mir eine hübsche Wohnung. Sorge für das Bübchen und behalte mich lieb" (Im Lager vor Verdun 10. Sept. 1792) oder: „Meine Mutter... ist Dir recht gut, denn ich habe ihr erzählt, wie Du so brav bist und mich so glücklich machst... Küsse den Kleinen und halte ihn wohl, ich freue mich, euch wieder zu sehen... Lebe wohl, ich habe Dich über alles lieb" (1793), oder Christiane schreibt — in einer Orthographie, die jene der Frau Rat an Kühnheit weit hinter sich läßt: „Izo gehen bey uns die winder Freuden an und ich will sie mir durch nichts lassen verleidern. Die Weimarer dähen es gerne aber ich achte auf nichts ich habe dich lieb und gans allein lieb sorge für mein Pübchen und halte mein Hauß= weßen in ornung und mache mich lustig" (1798). Aus welch innigen Zusammenhängen diese anspruchslosen Worte kommen, verrät ein Brief Goethes zum 15. Jahres= tag ihrer Ehe („Ich bin verheiratet, nur nicht mit Zere= monie"), darin er bittet: „Schicke mir mit nächster Ge= legenheit Deine letzten neuen, schon durchgetanzten Schuhe, von denen Du mir schreibst, daß ich nur wieder etwas von Dir habe und an mein Herz drücken kann."

Zur silbernen Hochzeit, den 26. August 1813 widmet ihr Goethe das Gedicht „Gefunden", das in seiner volks= liedhaften Schlichtheit und Innigkeit den tiefsten Sinn dieser Ehe ausspricht:

Ich ging im Walde
So für mich hin,
Und nichts zu suchen,
Das war mein Sinn.

Im Schatten sah ich
Ein Blümchen stehn,
Wie Sterne leuchtend,
Wie Äuglein schön.

Ich wollt es brechen,
Da sagt es fein:
Soll ich zum Welken
Gebrochen sein?

Ich grub's mit allen
Den Würzlein aus,
Zum Garten trug ich's
Am hübschen Haus.

Und pflanzt es wieder
Am stillen Ort;
Nun zweigt es immer
Und blüht so fort.

Aber Christiane ist nur ein „kleines Naturwesen", nicht wie Goethes Mutter „eine Natur". Ihr fehlt nicht nur die Tiefe des Geistes, sondern auch die schöpferische Tiefe des Herzens. Ihre Ursprünglichkeit ist reine Einfalt. Und als mit der Jugend ihre Anmut und Schönheit schwindet, da wird Goethe die heimliche Tragik dieser dauernden Bindung oft schmerzlich bewußt, er trägt sie schweigend, entsagend, gütevoll. In der Elegie „Amyntas" hat er ihr Ausdruck gegeben:

... Hab ich nicht selbst sie genährt, und sanft sie herauf mir
erzogen?
Ist wie mein eigenes Laub mir nicht das ihre verwandt?
Soll ich nicht lieben die Pflanze, die, meiner einzig bedürftig,
Still mit begieriger Kraft mir um die Seite sich schlingt?
Tausend Ranken wurzelten an, mit tausend und tausend
Fasern senket sie fest mir in das Leben sich ein.

Nie hat er es Christiane entgelten lassen, daß sie in enge Grenzen gebannt blieb. Er schützte und rechtfertigte sie, wo er konnte, und nahm das Gesetz ihrer Gebundenheit als ein Schicksalsgesetz der Natur, deren Bild sie ihm war. Lächelnd sagt er 1808: „Sollte man wohl glauben, daß diese Person schon 20 Jahre mit mir gelebt hat? Aber das gefällt mir eben an ihr, daß sie nichts von ihrem Wesen aufgibt, sondern bleibt wie sie war." Und Frau von der Recke stellt er sie vor mit den gütigen Worten: „Ich empfehle Ihnen meine Frau mit dem Zeugnisse, daß seit sie ihren ersten Schritt in mein Haus tat, ich ihr nur Freuden zu danken habe." Immer wieder weiß seine überlegene, reine Menschlichkeit in der heiteren Kindlichkeit ihrer Natur die Natur selbst zu sehen und zu lieben, dem warmen Wort seiner Mutter eins: „So ein liebes, herrliches unverdorbenes Gottesgeschöpf findet man sehr selten." Und als sie am 6. Juni 1816 stirbt, bekennt sein Tagebuch: „Leere und Totenstille in und außer mir."

Marianne Immermann

Bedeutet ein „kleines Naturwesen" wie Christiane gegenüber Goethe nur die unbewußte Einheit, den bloßen Spiegel für die bewußte Einheit des Genius, so kann die Frau als „eine Natur" der zwiespältigen Bewußtheit des Mannes zur tätigen, erlösenden Naturkraft werden. Also hilft die neunzehnjährige Marianne Niemeyer dem zweiundvierzigjährigen Immermann aus der Zwiespältigkeit und Heimatlosigkeit seines Wesens und seiner Zeit zur Einheit und Ganzheit, zur organischen Wirklichkeit, zum sicheren Welt=Gefühl und =Gedicht des Epikers. Durch sie empfängt er „dieses Chaos aus dem Spiegel Ihrer Augen zum frohen Bild geordnet zurück". „Bleibe immer so einfach, so gerade, so redlich mit mir, wie Du bisher warst. Bedenke, daß mein Leben in so manchen Konflikten etwas Halbes und Zersplittertes bekam, und daß es nun Deine Bestimmung ist, es zum Ganzen, Schlichten, Offenen auszuheilen. Du hast eine hohe Bestimmung; denn die Seele eines Menschen retten helfen, ist wohl etwas Göttliches". „Marianne schafft mich erst zu dem, was ich auf Erden werden kann, sie schafft mich auch erst zum Dichter." In Marianne überwindet Immermann — und durch ihn der deutsche Roman — die zersetzte Romantik.

Marianne Niemeyer war die Enkelin des bekannten Kanzlers der Universität Halle. Ihr Vater war Arzt in Magdeburg, die Mutter starb, als sie sechs Jahre zählte.

Marianne Immermann

So schloß sie sich der verwitweten Großmutter an, die trotz ihrer fünfzehn Kinder, trotz großer haushälterischer Sorgen und Leistungen im bedeutenden Kreise ihres Mannes eine starke, vielseitige Persönlichkeit geworden war. „Sie war," erzählt Marianne, „der gute Genius meines Lebens, weckte mein geistiges Sein und ordnete meine Tätigkeit mit großer Liebe und Zärtlichkeit." „Ein wildes Mädchen muß ich gewesen sein. Klettern war meine Passion; mein liebster Aufenthalt war auf der Gartenmauer, von der ich alle Nachbargärten übersah. Ich kam mir erhaben vor über das gewöhnliche Leben und baute einen Märchenpalast um mich, las mit früh erwachter Leidenschaft." Mit zwölf Jahren nahm sie der Vater aus der Töchterschule, weil nach seiner Meinung die Mädchen nicht viel zu lernen brauchten. Französische und englische Sprachstudien, Geschichtsstudien, der Verkehr und Konfirmationsunterricht im Hause des Bischofs Dräseke führten sie vorwärts. Mehrfache, lange Reisen mit der Großmutter auf die Burg Metternich am Rhein, das Rittergut ihres Onkels von Müller, erweiterten ihr Lebensgefühl. Früh diente sie dem Vater für die Arbeiten des Kreisphysikus als Sekretär. Und da er Ende 1837 an der Zuckerkrankheit hinsiechte, des nahen Todes bewußt, war sie in liebendem, leidendem Anteil seine unermüdliche Pflegerin.

Dann zog sie zur Großmutter nach Halle. „Die ganze Leidenschaft und Heftigkeit meiner Natur hatte ich in die Liebe zu dem Vater gelegt. Wohin sollte ich nun mit dem vollen Herzen?"

Der Herbst 1838 rief die Neunzehnjährige wieder nach Magdeburg, dem Sohn ihres Vormunds Ferdinand

Immermann Patin zu werden. Als Pate wurde Ferdinands ältester Bruder, der Dichter und Landgerichtsrat Karl Immerman aus Düsseldorf erwartet. "Marianne", schreibt er später, "hatte mir schon einen Eindruck gemacht, als sie, noch halbes Kind, horchend mir gegenüber saß mit gespannter Teilnahme, und ich glaubte in ihren dunklen, fragenden Augen ein Schicksal zu lesen; aber seitdem hatte ich ihren Namen oft gleichgültig von den Meinen nennen hören." Jetzt war er sechzehn Tage in der Vertraulichkeit des Familienlebens mit ihr beisammen. Nachmittags gingen sie spazieren, abends versammelte man sich bei Immermanns Mutter, und er las die eben erst vollendeten ersten Bücher seines "Münchhausen" vor. "Ich trank mit durstiger Lippe, was sein reicher Geist uns bot," erzählt Marianne. "Nie ist ein Eindruck rascher, reicher, ruhiger gewesen," schreibt Immermann, "schon am zweiten Tage wußte ich, daß ich Marianne liebe, und daß nur der Bund mit einem solchen Wesen mein Leben herstellen, mich in die Ruhe und Zufriedenheit leiten könne, nach der ich mich so lange gesehnt." Am Morgen seiner Abreise erbat und erhielt er von ihr im Beisein der anderen die Erlaubnis, an sie zu schreiben; seinem Bruder übergab er für sie als Abschiedsgruß das in der letzten Nacht geschriebene Gedicht:

    Sieghaftes Morgenleuchten.

Die Sterne schimmern,
Es glänzet der Mond,
Aber herauf schon dringet
Die junge Königin im Purpur,
Die Morgensonne.

> Unter deinen Fenstern stehet
> Der Wandrer im Mantel;
> Noch schimmern ihm erbleichende Sterne,
> Noch glänzt ihm der abnehmende Mond;
> Aber schon gingest Du auf
> Junge Sonne
> Seines kommenden Tages!

Ehe dieser Sonne Raum und Macht wurde, mußte in letzten Stürmen und Wettern Immermanns Lebens- und Wesenskonflikt gelöst werden.

Von früh auf hatte sich Immermann durch immer neue Widersprüche seinen Weg bahnen müssen. Sein Vater, Kgl. Rat bei der Kriegs- und Domänenkammer, war sechsundvierzig, die Mutter kaum neunzehn Jahre, da er geboren wurde, der Vater war „der ernsteste und in sich gezogenste Charakter", von patriarchalischer Strenge, „wie ein Wesen höherer Ordnung vor den Kindern", die Mutter war von fast zu großer Weichheit und Zärtlichkeit. Ein früher Lesehunger suchte seinem Gefühl und seiner Phantasie die Nahrung, die der Rationalismus des Vaters ihnen versagte. „Laß mich", schreibt er Marianne, „nun noch vorab bemerken, daß mein religiöses Gefühl sich nicht an fromme Kindeserinnerungen klammern konnte. Ich bin aufgewachsen unter den Einflüssen der sogenannten Aufklärung, unter den Schrecknissen der allgemeinen Zerstörung." So wurde sein isolierter Verstand früh zum unbefriedigten Kritiker der Zeit, so lernte er sich und die Welt aus der Literatur statt aus der organischen Unmittelbarkeit des Lebens kennen: „Ich las, wessen ich nur habhaft werden konnte."

Das Unglück des Vaterlandes und der Vaterstadt — die Festung Magdeburg war von 1806—1813 von den Franzosen besetzt — mußten diesen Zwiespalt seiner Innen- und Außenwelt vertiefen. Und der schrille Gegensatz zwischen der hellen Herrlichkeit der Freiheitskriege und der dumpfen reaktionären Folgezeit, brachte neue Dissonanzen. Die Literatur aber, in die der junge Dichter eintrat, tat das Letzte, seinem Zwiespalt Dauer zu geben.

Immermann war dem preußischen Beamtentum nicht nur entsprossen, er war ihm auch wesensverwandt. Er war im Grunde eine praktische, wirklichkeitsnahe Natur: „Mir ist nichts verhaßter als ein Schwärmer," sagt sein Prinz im „Auge der Liebe", „glaubt, ich bin ein derber Sohn der Erde!" „Das handelnde Element", schreibt er 1831 seinem Bruder, „liegt bei mir im Kampfe mit dem ästhetischen; ich glaube, daß ich unter Römern oder im Mittelalter reiner Praktiker geworden wäre, mein ästhetischer Bestandteil würde sich dort in dem formell Schönen, welches das Leben damals hatte, absorbiert haben." Die Literatur der Zeit aber war die erdenflüchtige, subjektiv zersetzte der ausgehenden Romantik. Nur weil Immermann in der Zwiespältigkeit seines Wachstums sich nicht selbst besaß, vermochte sie, vermochten andere wesensfremde Dichtungen ihn in ihren Bannkreis zu ziehen. In Abhängigkeit von den Romantikern, von Müllner und Raupach, Schiller und Shakespeare ringt der geborene Epiker um das Drama, der Erdensohn um die Metaphysik, der Prosaiker um den Vers. Nie kommt er zur reinen dichterischen Form eines Werkes, die nur der eignen reinen Wesensform entwachsen könnte. Er gestaltet von außen, Verstand und Technik müssen die innere Notwendigkeit vertreten. „Bei Immermanns Gedichten", sagt sein Freund Üchtritz, „soll immer das Bewußtsein, mit dem jedes Werk geschrieben ist, und die Schärfe des Verstandes Poesie und Begeisterung ersetzen."

Und wie die echte Wesensrichtung sich einem Dichter oft in der Gestalt einer Frau verkörpert, so nimmt bei Immermann auch diese falsche Tendenz Gestalt an: in Elisa von Ahlefeldt.

Sie ist das Urbild einer romantischen Frau. Ihr Wesen hat keinen Heimatgrund, keine Wurzeln, die sich fest und tief in die Wirklichkeit senken, es hat nur poetische Luftwurzeln. Ohne organische Lebenszusammenhänge, ohne die Sehnsucht nach ihnen lebt sie in subjektiver Vereinzelung, in der Welt des Geistes und der Phantasie. Nach ein paar unglücklichen, „romantischen" Versuchen, sich in die Wirklichkeit vorzuwagen, schließt sie sich vorsichtig und unerbittlich gegen ihre Forderungen ab.

Ihr Vater, Graf Christian Ahlefeldt-Laurwig auf Langeland, war nach dem König wohl der reichste Mann in Dänemark, zerstörte aber sein Riesenvermögen in Leichtfertigkeit und Verschwendung. Er war ein großer Musik- und Theaterfreund, hielt eine ständige Musikkapelle und lud Schauspielertruppen auf das Schloß, bei denen Elisa mitspielen mußte. Die Ehe wurde durch seine vielen Liebschaften getrennt. 1806, mit neunzehn Jahren, wurde Elisa wider den Willen ihres Vaters vermählt, die Familienüberlieferung behauptet: zur linken Hand mit dem zwanzigjährigen dänischen Kronprinzen, dem späteren

König Christian VIII., der sich damals nach einer kurzen Ehe hatte scheiden lassen. Aus dieser geheimnisvollen, bald wieder gelösten Ehe, stammt die Tochter Adolfine Laurberg, die vor der Welt als ihre Pflegetochter galt. 1810 wurde Elisa die Gattin Adolf von Lützows, den sie zwei Jahre vorher in Bad Nenndorf kennen gelernt hatte. Und da 1813 Lützow in Breslau seine Freischaar gründete, kam „die hohe Brautwoche, der süße Honigmond meines Lebens" (Johanna, ihr Nachbild, in den „Epigonen"). Hatte sie bisher die Erfahrungswirklichkeit verachtet und verwiesen („nichts Gemeines und Eitles durfte mich berühren ... Welt und Vorzeit umgaben mich wie ein schönes Märchen"), jetzt war die Wirklichkeit Poesie geworden: „Nun waren Rom und Griechenland und die Ritterzeit kein Märchen mehr für mich; alles Größte strahlte wiedergeboren im grünen, frischen Lichte mich an." In Lützows häufiger Abwesenheit warb sie selbst die Freiwilligen mit an. Sie begleitete Lützow auf vielen seiner Streifzüge und pflegte seine Wunden. Körner, Jahn, Schenkendorf, Friesen huldigten ihr.

Dann kam der Sturz in den Alltag. 1817 wurde Lützow Brigadegeneral in Münster. Nun blieb nur der biedere, treuherzige Militär, der ihre geistigen und dichterischen Interessen nicht verstand. Ohne Kinder, im grauen Einerlei der Garnison sah Elisa nach gleichgestimmten Freunden aus und fand Immermann.

Er war seit Ende 1819 als vortragender Auditeur beim Generalkommando in Münster tätig und beriet als Jurist die Generalin seit 1821 in ihren Vermögensangelegenheiten. So geriet er in den ästhetischen Zirkel, den sie begründet hatte. Als Vorleser eigener und fremder Werke gewann er die Gräfin. Nach dem Helden suchte und liebte ihre Phantasie den Dichter.

Der fünfundzwanzigjährige Immermann flammte auf. Er fand in der acht Jahre älteren Frau die „Sonnenhöhe einer schönen, klugen, vornehmen Frau, zu deren Erinnerungen Könige und Kaiser gehörten, als ich noch ein unbekannter junger Mensch war." Die — zufällige — Ehe mit Lützow zersetzte sich durch die neue Leidenschaft vollends, im April 1825 wurde sie gelöst.

Inzwischen war Immermann als Kriminalrichter nach Magdeburg versetzt worden. Hier wollte er die Scheidung abwarten und dann „von dem fürchterlich schönen Labyrinth, in das er geraten" sich in die Klarheit und Wahrheit der Ehe retten. Elisa kam zwar als Gast seiner Mutter nach Magdeburg, war aber zu einer neuen Ehe nicht zu bewegen. Zweimal hatte sie den Schritt in die Wirklichkeit getan, Königen und Helden sich verbunden, und sich enttäuscht wieder zurückgerettet in die freie Innerlichkeit ihrer Phantasie; das neue Verhältnis wollte sie der zerstörenden Macht der Wirklichkeit entziehen und ganz in der Welt des Herzens und Geistes gründen. Selbst die sinnliche Gemeinschaft soll sie Immermann dauernd abgelehnt, sogar das „Du" ihm — wenigstens vor der Öffentlichkeit — versagt haben.

So zog sich dies „romantische", unhaltbare Verhältnis hemmend, quälend, verwirrend durch siebzehn Jahre, die wertvollsten Mannesjahre Immermanns. Sie folgte ihm nach Düsseldorf, sie teilte seine Wohnung. Aber so oft er sie beschwor, ihre Liebe in der Ehe zu klären und zu rechtfertigen, sie antwortete ihm gleich Celinde in seiner bekenntnisvollen Tragödie: „Ich sage nein zu allem, was nicht stimmt zu meinem Wesen":

> Weil ich nicht bin geschaffen, Vettern, Basen
> Mein inniges Geheimnis zu verraten,
> Weil Neigung welkt am grellen Tageslicht,
> Weil ich vor Scham müßt' in die Erde sinken,
> Trät ich mit dir zum Altar, tauschte Ringe,
> Ich liebe dich, du weißt, von ganzem Herzen;
> Allein dein Ehweib werd ich nimmermehr.
> Die Eh ist mir verhaßt; sie deckt mit Schatten
> Des Lebens sonnenhellsten Garten zu.
> Die Dichter fabeln viel von Dolch und Gift
> Als Feinden zarter Liebe; sie vergessen
> Die schlimmste Feindin stets, die Heirat, drüber,
> Jedwedes Schönen kläglich Trauerspiel.

Diese Liebe konnte Immermann auf seinem Wege zur epischen Wirklichkeit, der er sich aus den Wirren seiner Jugend und seiner Zeit zuringen mußte, nicht weiter führen, sie trieb ihn im Wirbel umher. Nur die Ehe, die Familie, das Kind, die täglich wirkende Lebensgemeinschaft konnten ihn aus seiner subjektiven, inneren Befangenheit in die erdensichere, klare, objektive Lebensverbundenheit leiten. „Weil wir nicht auf dem gemeinsamen Boden des frommen Rechts und der schlichten Wahrheit standen, sondern auf einem gemachten, künstlichen, so waren wir nach einigen Jahren, über die Leidenschaft und Leichtsinn hinübergeholfen hatten, bald weit auseinander," schrieb Immermann später an Marianne; aber so einfach dies Bekenntnis klingt, so qualvoll wirr und leidenschaftlich war das jahrelange Ringen dieser beiden „entgegengesetzten eigenartigen Naturen, denen ganze Regionen des andern Teils dunkel und unzugänglich blieben" (Immermann). Die alternde Gräfin liebte in Immermann nach den beiden großen Enttäuschungen ihre letzte Lebenshoffnung: den Statthalter der Poesie. Immermann war eine zu schwere, zähe Natur, als daß er eine Lebensleidenschaft, eine so bedeutende Frau, der er Tiefstes verdankte, leicht zu lassen vermocht hätte. Vergebens sucht er den Knoten, den er nicht lösen kann, in verzweifeltem Entschluß zu durchhauen: 1829 bittet er Adolfine, die zweiundzwanzigjährige Tochter Elisas, die als ihre „Pflegetochter" mit nach Düsseldorf gekommen war, um ihre Hand; sie verrät ihn der Mutter und verläßt das Haus.

Zerrissene Stimmungen, bittere, müde Bemerkungen durchziehen seine Tagebücher. „Es geht mir mitunter schlimm, die Launen und Befangenheiten im Hause werden oft sehr drückend, und nötigen mir häufig ein ganz negatives Verhalten auf, um die Tage im Elemente des Erträglichen zu halten. Ich bleibe aber doch meistens ruhig dabei; es ist eben die Ernte, die aufgeht, und weiter nichts. Wer A. gesagt hat, muß sich nicht wundern, wenn das B. nachkommt und so weiter bis zum W."

Indessen half ihm wenigstens der Gang der Zeit, die Julirevolution, die Entwicklung der Naturwissenschaft und Industrie, die eigene juristische und mehr noch die kurze aber viel umfassende Tätigkeit als Intendant des Düsseldorfer Theaters den Weg zur Wirklichkeit zu finden. Da er aus der unbedingten, inneren Welt herkam, sah er die Wirklichkeit zuerst in ihrer Bedingtheit und Gebrechlichkeit, er sah sie kritisch-satirisch. Er begriff sie als eine Ausgangs- und Übergangszeit und begann in den „Epigonen", die bis 1825 zurückreichen, ihr Bild zu zeichnen: „Alle Kräfte und Sinne der Menschen streben weiteren und höheren Zwecken zu. Das wäre nun recht schön, wenn wir nur schon ein Vaterland oder große öffentliche Einrichtungen hätten. Aber alle diese erhabenen Tröstungen zeigen sich bei näherer Betrachtung denn doch meistens als Schein, höchstens als ziemlich schwache Versuche. Und so darbt unser Herz über den Mangel eines Freundes, einer Geliebten, eines Hauses sich zu Tode, und wenn es sich auf einem anderen Altare opfern möchte, so fehlt eben dieser ... Ja, wir leben in einer Übergangsperiode. Das ist ein trivial gewordenes Wort, welches alle Schulknaben jetzt nachplappern. Schwieriger ist es, die ganze Bedeutung desselben zu fühlen, sympathisch mitzuempfinden, wie viele Menschen an einem solchen Übergange zu Grunde gehn. Wohl befinden sich in der Gegenwart eigentlich nur die oberflächlichen Naturen, welche von Schatten und Klängen genährt werden, während jede tiefer gehöhlte Brust ein heimliches Verzagen erfüllt." Immermann zeichnete den Kampf der alten und neuen Zeit, den selbstsüchtig zerrütteten rückschrittlichen Adel, der sein Scheinleben zu behaupten sucht, die vordringende Industrie, die in ihren Anfängen schon ihre Gefahren: den Technizismus und Materialismus mitbringt, die Zersetzung aller religiösen und gesellschaftlichen Bindungen, die übersteigerten Ansprüche des Individuums und das Fehlen allgemein gültiger Unterlagen des Daseins: die „moralische Seekrankheit".

Endlich hatte er seine eigentümliche Form, die epische gefunden, aber vorerst nur in Sehnsucht, Kritik und Satire. Und so blieb sie noch fremden Vorbildern verbunden: überall ist der Einfluß des „Wilhelm Meister" deutlich.

Am 3. Februar 1838 feierte Immermann das Fest der Freiwilligen zu Köln am Rhein, den Erinnerungstag an den vor 25 Jahren verkündeten Aufruf des Königs zum freiwilligen Heeresdienst. Er fand sich mit dreihundert Kameraden aus den Freiheitskriegen, darunter dem alten Ernst Moritz Arndt, und den obersten Behörden der Provinz zu ergreifenden Tagen. Er verfaßte und sprach das Festgedicht „Die silberne Hochzeit zu Köln am Rhein". Und er wurde beauftragt, die offizielle Fest- und Erinnerungsschrift zu entwerfen. In ihr bricht seine eingeborene Liebe zum Deutschen Volk und Land machtvoll durch. Und sie gibt seinem geschichtlichen Rückblick über alle Kritik und Satire der Zeit den Glauben an die Zukunft, den Mut zur Bejahung: „Blicken wir auf alle diese Erwerbungen und Bewahrungen zurück, so werden wir freudig aussprechen, daß die Zeit, von manchem auf der Oberfläche Schäumenden gesäubert und in ihrem Herzen durchschaut, eine gute ist".

In persönlichem, aufatmendem Bekenntnis spricht sich der Sinn dieser Tage für sein aufringendes Leben aus: „Glücklich fühlt sich der Mensch nur durch einfache Empfindungen. Deshalb ist er so froh, wenn er einmal wieder zu ihrer klaren, ungetrübten Quelle hingeleitet wird."

Solche Empfindungen flossen in die Anfänge des Romans, den er Ende November 1837 begonnen, und der das Werk seines Wesens und Lebens werden sollte: in den „Münchhausen".

Wieder ist die Zeit vor Gericht gestellt, aber nicht mehr in gemeinsamer Befangenheit, Klage und Anklage, sondern in der überlegenen Freiheit des Humors, nicht mehr in enger Nachbildung, der Zeitgeist ist verdichtet, verkörpert, mythisiert: Münchhausen, „der Geist aller Journale", „der Cäsar der Lügen", „der Zeitgeist in persona" ist mit jener schöpferischen Freiheit und Liebe gestaltet, die auch das Gegensätzliche nicht ohne Größe, das Sinkende nicht ohne Tragik bildet, die auch das Verneinende fruchtbar in die Weltordnung einstellt.

Ihm und der zersetzten Romantik seiner Umwelt, dem Baron Schnuck-Puckelig-Erbsenscheucher in der Boccage zum Warzentrost und seiner Tochter Emerentia auf Schloß Schnick-Schnack-Schnurr, dieser verzerrten, stürzenden Scheinwelt, ist klar und groß die wahre, ewig-junge Welt des Oberhofs, des uralten westfälischen Bauern- und Volkstums gegenübergestellt. Denn — sagt Immermann später in den „Düsseldorfer Anfängen" — das „poetische Gewissen wird nicht wie das moralische eine Negation sein, eine Stimme, die bloß sagt, was zu unterlassen ist, sondern, da das Dichten ein Machen und Schaffen ist, so wird das poetische Gewissen sich äußern in einem Gegenmachen und Gegenschaffen." Einem Leser seiner „Epigonen", der in der Kritik und Satire jenes Romans das positive Gegenbild vermißt, hatte er noch antworten müssen: „Hätte ich einen Charakter wie Sie ihn zu wünschen schienen, hingestellt, an dem sich die anderen festgehalten und aufgebaut hätten, oder irgend einem Dogma, philosophischem oder christlichem einen durchgreifenden Einfluß aufgetragen, so würde ich in meinem poetischen Gewissen mir selber unwahr und unfromm vorgekommen sein, denn es gibt dergleichen Charaktere, Verhältnisse und Einflüsse nicht". Jetzt weiß er, daß es sie gibt. Jetzt ist ihm „die Idee des unsterblichen Volkes" lebendig geworden, und in ihm „die Hoffnung ewigen Keimens, Wachsens, Gedeihens aus dem dunklen, segenbrütenden Schoße. In ihm gebiert sich immer neu der wahre Ruhm, die Macht und die Herrlichkeit der Nation." Hier sind „die allgemein gültigen Unterlagen des Daseins", die „objektiven Lebensformen", nach denen er und die Zeit sich gesehnt hat. „Denn im Volke sind die Grundbezüge der Menschheit noch wach."

Endlich hat der Epiker seinen Urgrund gefunden, seine menschliche und künstlerische Form. Und jetzt ist er reif zur letzten Entscheidung. Jetzt muß daß letzte romantische Band seines Lebens fallen, klar und wahr muß er selber in die einfach-ewigen Grundformen des Daseins eingehen: die weglose, zersetzte Leidenschaft zur Gräfin Ahlefeldt muß der Ehe mit Marianne weichen.

Der zweite Band des „Münchhausen", die Hälfte des Werkes war vollendet, als er im September 1838 die entscheidende Reise nach Magdeburg antrat. In seine frühlingsoffene, verjüngte Welt fiel der Same und Strahl der neuen Liebe. Ein neunzehnjähriges Mädchen, mit gelblicher Gesichtsfarbe, kurzer Oberlippe, braunen Haaren, ohne klassische Schönheit, ohne romantische Beziehungen, aber ein Mensch und ein Weib, lebensstark, leidgeläutert, wurzelhaft, „eine Natur." Was er in den

Bauern des Oberhofs gestaltet, in der Lisbeth dort schon in den Anfängen bedeutet hatte, das stand jetzt vor ihm in seiner eigenen Welt, liebend, geliebt, zwischen ihnen selber wollten „die Grundbezüge der Menschheit wach" werden. „Alles ward grün um mich und in mir."

Nur kurze Wochen bebt er vor dem Strahl des neuen Lebens, vor der tragischen Notwendigkeit, den Menschen, dem er siebzehn Jahre liebe- und leidvoll verbunden gewesen, von sich in die Einsamkeit zu weisen. „Ich ging zu ihr", schreibt er nach seiner Rückkehr, „mit tiefem Mitleid und mit einem Schauder über die Natur und Gestalt der menschlichen Dinge." Dann gehorcht er der höheren Notwendigkeit: am 16. November 1838 hält er brieflich bei der Großmutter um Marianne an: „In ruhelosen Tagen und schlaflosen Nächten bin ich zur Klarheit, zum Entschlusse gekommen, mein Gemüt hat ihn ausgetragen, wie ein reifes Kind. Ich habe fest, stark und unwiderruflich für mich den Wunsch in mir empfangen, Ihre Enkelin die Meinige zu nennen. Die Lösung der Frage, ob meine ferneren Jahre sich in neuer Jugend, in frischer Kraft entfalten, oder in Dumpfheit und Mißmut traurig verwelken sollen, hängt von Mariannes Ja oder Nein ab. Sie hat, was mein tiefstes Bedürfnis fordert, und in ihrer jungen Brust trägt sie meine ganze Zukunft und die Lösung aller Rätsel, an denen mein Leben sich bereicherte, aber auch — blutete!"

Mariannes Jugend sah sich vor eine schwere Entscheidung gerufen. Sie liebte Immermann, sie war ihm wesensnah, aber sein Bruder, ihr Vormund, hatte ihr das schicksalhafte Verhältnis zur Frau von Ahlefeldt dargelegt, das er in seinem Werbebrief kaum bedeutet hatte. So schrieb sie ihm offen über ihre Liebe und ihre ernsten Bedenken. Und nun enthüllte ihr Immermann mit schrankenloser Aufrichtigkeit den langen, tragischen Irrweg seiner Leidenschaft. Er schwieg auch nicht über den fassungslosen Schmerz der Gräfin, die in ihrer subjektiven Befangenheit nicht bemerkt hatte, wie weit ihr schon der Dichter durch seine Entwicklung entrückt worden war, er bat Marianne, still mit ihm zu warten, bis die Gräfin sich gefunden habe.

Erschüttert sah diese in eine Welt der Wirren und Leidenschaften, die ihrer jungen, klaren Natur fern geblieben war. In liebendem Mitleid fühlte sie sich dem Geliebten nur um so schicksalvoller, aufgabenreicher verbunden. Alles wollte sie hingeben, ihn aus dieser dunklen Verstrickung zu lösen, ihn zur wahren Welt seines Selbst zu führen. Ja, sie würde warten, bis die Frau, die seinem Leben so nahe gestanden, sich in Güte von ihm lösen könnte. In tapferen Briefen durchkämpft sie mit Immermann seine letzten Qualen und Dämmerungen: „Ich weiß recht wohl, was ich an der Gräfin verliere. Mit allen meinen Erinnerungen ist sie verwachsen, überall wird sie mir anfangs fehlen. Ihr Schicksal geht mir nahe, als sähe ich meine Mutter foltern." Er flüchtet sich in den Gedanken, die Gräfin als Freundin seinem Hause neben der Gattin erhalten zu können.

Die Gräfin aber ruft seinen Bruder gegen ihn auf, der ihm lange skrupelvolle Vorhaltungen schreibt und Marianne, sein Mündel, beunruhigt. Immermann rechtfertigt sich vor dem Bruder in bogenlangen Abrechnungen, die nun wieder gegen die Gräfin streiten müssen. Dem Freund Schnaase nennt er seine Bräutigamszeit wiederholt die „wonnevollste und schrecklichste" seines Lebens, ein „furchtbares" Jahr.

Endlich am 17. August 1839 verläßt die zweiundfünfzigjährige Elisa von Ahlefeldt sein Haus, um auf einer Reise nach Italien Vergessen zu suchen. Immermann geleitet die Weinende nach Köln auf ihr Schiff. Da er in sein leeres Haus zurückkommt, überfällt ihn noch einmal in Schmerz und Schuld die Schicksalsgewalt dieser Trennung. Noch einmal beschwört er die Geliebte: „Rühre nie die Gräfin an. Sie muß uns ein heiliges Haupt sein." Dann reist er nach Halle, der Hochzeit (2. Okt.) zu; vor Mariannes Klarheit und Wahrheit fliehen die Schatten. — — —

In den ersten Wochen seiner neuen Liebe war Immermann außerstande gewesen, am episch ruhigen Bau des „Münchhausen" fort zu schaffen. So wenig ihm die Lyrik eignete, sein überströmendes Herz hatte er in Gedichten befreien müssen. „Täglich schreibe ich ein paar Verse." Im März und April 1839 rundete er einen Kranz von zwanzig Sonetten als „Frühlingskranz für meine Marianne".

„Durch Dich erfuhr ich erst, was Poesie."
Er griff nach der langgeplanten Umdichtung von Gottfrieds „Tristan", er schrieb die Widmungsverse:

> Gestorben war das Herz und lag im Grabe! —
> Dein Zauber weckt es wieder auf, der holde,
> Es klopfet, fühlet neuen Lebens Gabe,
> Sein erster Laut ist: Tristan und Isolde!

Aber nicht in Versen, nicht in alten Sagen sollte Mariannes Kraft und Art Gestalt finden. Am 2. Januar konnte er in sein Tagebuch schreiben: "Ich habe endlich so viel Stimmung wieder gewonnen, um am Münchhausen von neuem arbeiten zu können. Es ist nun das vorletzte Buch daran, worin ich die Sachen unter den Bauern und mit meinen jungen Liebesleuten zu Ende führe. Es muß, soll das Ganze etwas taugen, dieses Buch der Gipfel und das Meisterstück werden, und ich bin so bewegt, und in solcher Verfassung schreibt man so schlecht. An der Liebesszene arbeite ich mit einem Feuer wie nie, oft aber springe ich auf, weil ich nicht weiter schreiben kann, und strecke die Arme in die leere Luft aus."

Jetzt erst vermochte er, der uralt bäuerlichen Welt ein zukunftjunges Menschenpaar von gleicher Klarheit und Wahrheit, von gleicher natürlicher Größe gegenüberzustellen. "Zuweilen ist mir," schrieb er der Braut, "als trete Gott der Herr sichtlich wie im Paradiese zu Adam zu mir und habe Dich an der Hand und spreche: da hast du das Weib, was ich dir zur Gesellin geben will." So heiligursprünglich, so gottgeleitet gehn Oswald und Lisbeth, die beiden Liebenden des Romans, einander zu; sie wissen: "Wer die wahre Liebe empfängt, der empfängt die Ewigkeit in seinem Herzen." Und diese Herzensewigkeit ist nicht die traumverlorene lyrischer, nicht die erdenflüchtige romantischer Menschen, sie ist die epische, die den Menschen in die Menschheit, den Einzelnen in den Gang der Generationen reiht. "Eins wollen sie sein und bleiben, aber eins im Leben und in der Welt, nicht sich verstechend vor Leben und Welt. Mit Liebe wollen sie den stumpfen Widerstand der Materie überwinden."

Eine neue Lebensbejahung, eine neue epische Erdensicherheit und -freudigkeit blüht aus dieser Liebe auf: „Auf der Erde will der Mensch wieder menschlich heimisch werden... Mit den Blitzen seines Geistes will er die Erde durchdringen, daß sie geistschwanger werde, er will sich von ihr eine Freundin seiner besten Stunden, eine ernste und doch heitere Gefährtin seiner reifsten und männlichsten Jahre gewinnen... Das wird das neue Christentum sein, welches mit der Krippe zu Bethlehem im Busen des Gläubigen beginnt und in dessen letzten andächtigen Minuten die jüngste Offenbarung feiert... Die Stiftung dieser Kirche wird nicht von dem Willen der Einzelnen abhängen. Unbewußt durch schwere, vielleicht furchtbare Ereignisse wird der Geist Gottes sein unwiderstehliches Nötigungsrecht ausüben. — Aber so ausgeweitet, in diesem erschlossenen Bewußtsein wird der Mensch erst würdig sein, von der Erde auf neue Weise Besitz zu nehmen."

Lange hatte Immermann sich in den erdenflüchtigen, metaphysischen Stimmungen der Romantiker verloren, bis zu den Gnostikern hatten sich seine Spekulationen verirrt, jetzt hatte ihm die Liebe den Sinn des Lebens, seinen Lebenssinn offenbart: nicht Weltflucht, sondern Weltdurchdringung. Das war die gute Botschaft. In diesem Sinne schrieb er seinem Bruder: „Ich bin Christ, aber Weltchrist," schrieb er Marianne: „Ich bin durch und durch naturfromm. Gott ist mir überall und in Allem. Meine Weltbetrachtung fällt ganz mit der Betrachtung ewiger, in den Dingen fortwirkender, nicht toter, sondern in Liebe lebendiger Gesetze zusammen." Und so wurde der „Münchhausen" in seinem Evangelium der Erdenfreudigkeit und -tätigkeit, der handelnden und liebenden Gottverwirklichung die Überwindung des musikalischen, weltverneinenden Romans der Romantik.

„So siehst Du," durfte Immermann der Geliebten schreiben, „wie Du mich schon jetzt nach allen Seiten aufbaust." „Bald führe ich Dich in meine ruhige Sphäre, in die Welt des ewigen Zusammenhanges, die ich an Deiner Seite mir immer mehr zu erobern denke. Du hast in mir einen ganz neuen Sinn geweckt, Du hast das Herz der Welt, ihre Harmonie mir aufgedeckt; an meinen Früchten soll man den Frühling dieser schönen Liebe erkennen."

Die „Memorabilien", die „Düsseldorfer Anfänge", autobiographische Schriften, in denen Immermann sich im Zusammenhang seiner Zeit, seine Zeit im Zusammenhang der Geschichte darstellt und deutet, sind mit einigen weiteren Gesängen des „Tristan" die letzten Früchte der nur elfmonatlichen Ehe geworden. Im „Münchhausen" war sein tiefster Wunsch erfüllt: „In der Poesie wird vielleicht nicht viel mich überleben, aber zu Einem Werk werden sich alle meine Kräfte versammeln und von diesem Werke hoffe ich die Erhaltung meines Namens bei meinem Volke."

Ahnungsschwer hatte Lisbeth, Mariannens Ebenbild, im „Münchhausen" von sich und Oswald gesagt: „Es ist möglich, daß wir nicht lange beieinander sind." Wer hätte zu denken gewagt, daß es nicht einmal ein Jahr sein würde! Aber dennoch: in Marianne hatte sich Immermann erfüllt, als epischer Dichter, und als epischer Mensch: dreizehn Tage vor seinem Tode durfte er noch sein Kind auf den Armen halten. Am 12. August 1840 wurde ihm eine Tochter geboren, am 25. starb er.

Nach einem Jahr unendlichen Glückes blieb Marianne zurück als zwanzigjährige Witwe und Mutter. Aber in heiliger Tapferkeit und Dankbarkeit schreibt sie dem Kanzler Müller, dem Freunde Goethes und Immermanns, auf seine tröstende Worte: „In allen guten Stunden erscheint mir ja noch jetzt in tiefster Trauer mein Los als das beglückteste, wenn auch ein einzig kurzes Jahr seine Seligkeit enthielt, und Erinnerung mein einzig Teil für ein vielleicht noch langes Leben ist. Ich weiß, daß ich in dieser kurzen Zeit Unendliches in mir erlebt und genossen habe, daß Nichts, was wir einmal wahrhaft besaßen, uns verloren gehen kann und daß die Ewigkeit uns wiedergibt, was uns im Erdenleben entzogen ward. Dadurch gebiert sich dann nach den trübsten, beklemmendsten Stunden immer wieder in frischer Kraft sieghafte Zuversicht auf die Allgüte und Allweisheit, die unsere Geschicke lenkt, und so lebe ich in stillen, lieblichen Träumen der Vergangenheit, fühle mich von den unsichtbaren Händen der Liebe getragen... Dankbar erkenne ich den Segen, den mir der Himmel in meinem Kinde gab... Möge Gott mir Kraft geben, meiner Karoline eine gute Mutter zu sein, sie des verklärten Vaters würdig zu erziehen... Wenn ich etwas in Immermanns Angelegenheiten besorgen kann, ist mir am leichtesten ums Herz, doch fesseln mich auch schon wieder andere Dinge, und ich habe beim Lesen bereits manche gute Stunde gehabt.

Wenn man überall nach dem Größten und Schönsten greift, da reißt es uns auch in der trübsten Stimmung mit fort, und die Trauer, diese Erhebungen nicht mehr mit dem geliebten Geschiedenen teilen zu können, ist immer wohltätiger als die Dumpfheit, zu der Untätigkeit und Zerstreuung so leicht hinführen."

Mit letzter Liebe prüft, ordnet und veröffentlicht sie Immermanns Nachlaß. 1847 folgt sie dem Ruf des Lebens zu neuen Aufgaben. Die Witwe eines Romantikers oder Lyrikers hätte ihrem Gatten nachtrauern und -träumen und so sich verzehren dürfen. Die Witwe Immermanns schrieb aus dem Geiste ihres Mannes, aus dem Geiste des „Münchhausen": „Meines Vaters jüngste Schwester war hier [in Hamburg] verheiratet und hinterließ, als sie im vorigen Sommer starb ihrem Manne [Eisenbahndirektor Guido Wolff] sechs unerzogene Kinder ... Mein Onkel bat mich, ihm zu helfen und mich wenigstens für den Augenblick seiner verlassenen Kleinen anzunehmen, und Sie begreifen, daß in solchem Falle an ein Überlegen nicht zu denken war. Die Sache war dringend, und mein Leben in Düsseldorf war längst immer einsamer geworden, so daß die Trennung zwar noch immer einen großen Schmerz verursachte, aber vielleicht doch eine Wohltat war. Es ist nicht gut, an einem Orte, der uns einst lauter Schönheit bot, zwischen Ruinen und Trümmern des Gewesenen elegischen Gefühlen zu leben; wenigstens führt ein solches Sein nicht zur rechten Gesundheit von Leib und Seele, sobald keine festen und gegebenen Pflichten uns wohltuend fesseln. Ich hatte längst das Gefühl gehabt, es sei wohl gut, wo anders zu leben, unter meiner Familie oder in frischerer Tätigkeit; aber ich hätte dennoch schwerlich je den eigenmächtigen Entschluß gefaßt, zu übersiedeln, weil Erinnerung noch tausend Zauber um mich wob, und alles, was an Willkür streift, der weiblichen Seele schwer und fremd erscheint. — Nun schien aber der Himmel mir einen Wink zu geben und meiner ungebrochenen Kraft wieder eine Tätigkeit zuweisen zu wollen, und mein Entschluß konnte nicht zweifelhaft sein. In den ersten Tagen des Februar traf ich mit meinem Onkel in Münster zusammen, und er brachte mich in sein Haus, in welchem ich mich so schnell heimisch fühlte, daß alle Gedanken an ein nur provisorisches Hiersein bald verschwanden."

Am 31. Oktober 1847 wurde Marianne die Gattin ihres Oheims; zu seinen sechs Kindern, zu Immermanns Tochter, fanden sich noch vier gemeinsame Kinder. Aber neben allen häuslichen Aufgaben wurde eine lebhafte Geselligkeit und viel echte Freundschaft gepflegt. Emanuel Geibel war ein häufiger Gast, die Düsseldorfer Freunde kamen, Brahms, Hans von Bülow, Stockhausen kehrten ein, Jordan rezitierte seine „Nibelungen".

Als 1870 der Krieg ausbrach, stellte sich Marianne an die Spitze des neugebildeten vaterländischen Frauenvereins, ging als Pflegerin in die Lazarette und erwarb — die Frau des Kriegsfreiwilligen Immermann von 1813/15 — das Eiserne Kreuz für Nichtkombattanten.

Im gleichen Jahre erschien die zweibändige Biographie Immermanns, die zwar Mariannes Freund Gustav zu Putlitz als Herausgeber zeichnet, die aber zumeist Mariannes eigenes Werk ist, eine warme, klare, objektive Arbeit, ein liebevolles und würdiges Denkmal.

Auch den Tod des zweiten Gatten überwindet sie in tätiger Nächstenliebe, und im vertieften Studium der Bibel, die er ihr nahgebracht hat. Der 17. Februar 1886 setzt ihrem Leben ein sanftes Ende. Es ist ein wahrhaft episches Leben gewesen, arbeits-, wirkungs- und liebereich.

Christine Hebbel

Christiane von Goethe und Marianne Immermann hatten ihrem Gatten die naturhafte, menschliche Ergänzung bedeutet. In Christine Enghausen findet Hebbel zur großen, reinen Menschlichkeit auch die seltene Gnade der unmittelbar künstlerischen Gemeinschaft der steten schöpferischen Wechselwirkung. Das einzige Mal in der Geschichte der deutschen Dichtung haben sich hier zwei ebenbürtige Menschen und Künstler für ihr Leben gefunden.

An einem Höhe- und Wendepunkt seines Schicksals trat Christine in Hebbels Leben ein. Der hunger- und notvollen Kindheit, dem Schreiber- und Gesindedienst beim Vogt, wo er mit dem Kutscher ein Bett unter der Bodentreppe teilte, war Hebbel entwachsen, den Demütigungen des Freitischler- und Gymnasiastendaseins in Hamburg hatte er sich entzogen, auf den Universitäten Heidelbergs und Münchens hatte er, dem Verhungern nahe, „um jeden Fußbreit Existenz kämpfend", sich zum Bewußtsein seiner selbst durchgerungen, in Hamburg in der „Judith" seine künstlerische Form gefunden. Dann hatte ein dürftiges Reisestipendium des dänischen Königs ihn auf zwei Jahre nach Kopenhagen, Paris und Rom geführt. „Genovefa" und „Maria Magdalene" waren entstanden. Aber immer tiefer, immer unbarmherziger war Hebbel in die Notdurft und Zerrissenheit des Lebens verstrickt worden. In der Liebe Elise Lensings, der herzens-

Christine Sebbel

tapferen, aber zehn Jahre älteren, ärmlichen Lehrerin hatte er Treue und Wärme, in ihren Sparpfennigen Rückhalt gefunden. Obwohl er nur ihre Freundschaft erwidern konnte, hatte er, einsam und lebenshungrig, ihre Liebe genommen. Ein Sohn war ihm geboren und, während er in Paris weilte, gestorben, ein neuer war ihm gefolgt. Im ungeheuren, leidvollen Zusammenbruch hatte er seiner und Elisens Verlassenheit keinen andern Trost gewußt als ihre letzte innere und äußere Gemeinsamkeit: „Du bist meine Frau, sobald du willst." Aber je mehr sein Schmerz im allgemeinen Schmerz sich löste, je härter und nüchterner wieder der Alltag vor ihm stand, desto fremder, unmöglicher und gefährlicher wird ihm der Entschluß; am letzten Jahrestage 1844 schreibt er in Rom in sein Tagebuch: „Was wird das neue Jahr mir bringen? Eine Frau zu dem Kinde, das schon wieder da ist? Kann ich, muß ich heiraten? Kann ich, muß ich einen Schritt tun, der mich auf jeden Fall unglücklich und dich! nicht glücklich machen wird? O meine Lebensverhältnisse! Wie doch immer das, was mich dem einen Abgrund entriß, mich dem andern wieder nahführte! Elise ist das beste Weib der Erde, das edelste Herz, die reinste Seele, aber sie liebt, was sie nicht wieder lieben kann. Die Liebe will besitzen, und wer nicht liebt, kann sich nicht hingeben, sondern sich höchstens opfern." Und im Februar schreibt er ihr: „Der Mensch kann über alles verfügen, über Blut und Leben, über jeden Teil seiner Person, nur nicht über seine Person selbst, über diese verfügen höhere Mächte."

Also zerrissen, verzweifelt, aussichtslos kam Hebbel nach Wien. Alle Abgründe des Lebens lagen ihm tragisch offen: „Ach, meine Augen sind so schrecklich scharf, ich schaue durch die Erde hindurch und sehe die Toten, wie sie verwesen; nun sehe ich die Blumen, die sie bedecken, nicht mehr." In letzten Spannungen fühlt er, „daß mein Leben entweder einen höheren Schwung oder — ein Ende nehmen muß". Da tritt Christine in seine Bahn.

In gleichem Schicksalskampf wie Hebbel hatte sie sich emporgerungen, in Not und Entbehrung, eines Handwerkers Kind wie er. Früher noch war ihr der Vater gestorben, siebenjährig war sie, um mitverdienen zu können, ins Kinderballett des Braunschweiger Hoftheaters eingetreten, ein und einen halben Taler Gage im Monat. Und wenn sie auch bald für Kinderrollen im Schauspiel drei weitere Taler empfing — oft ist sie neben dem halberblindeten Schwesterchen hungernd und weinend ins Bett geschlüpft. Mit 16 Jahren (1833) errang sie durch ein Gastspiel als Jungfrau von Orleans ein Engagement nach Bremen, mit 17 ans Stadttheater nach Hamburg. Als Hebbel 1835 von München nach Hamburg zurückkam, lag das Publikum in ihrem Bann. „Das Hochtragische — schreibt Carl Toepfer 1839 in der Thalia — ist das Ziel, dem sie mit raschen Schritten entgegengeht ... sie behauptet eine der ersten Rollen bei der deutschen Bühne." 1840 kam sie ans Burgtheater nach Wien. Auch ihrem einsamen, schutzlosen, ringenden Aufstieg waren Irrtum, Zwiespalt und Schuld nicht erspart geblieben: auch ihr wuchs ein Sohn auf, aus Lebenswirren hervorgegangen, die Hebbel in seinem Fragment „Die Schauspielerin" ahnen läßt.

Beide lernten sich zuerst als Künstler kennen und würdigen, sie ihn in der „Judith", die sie vergebens in Wien zur Aufführung zu bringen suchte und in „Maria Magdalene", er sie im Burgtheater: „Ihr großes Talent hat mich anfangs zur ihr hingezogen." Ihre Begeisterung für die „Judith" führte sie zusammen. Anfangs fürchtete sie sich vor seinem Besuch: so gewaltig hatten sie seine Dramen erschüttert. Aber ihre Furcht wandelte sich in Mitleid, als er vor ihr stand: „Seine hagere Gestalt, die blasse Leidensmiene flößten mir beim ersten Anblick das tiefste Mitleid ein — ich hatte von seiner Armut gehört, seine ärmliche Kleidung, der schwarze Frack, der ihm nicht paßte, bezeugten sie nur zu sehr. Wenn ich reich wäre, sagte ich mir, so würde ich ihm eine sorgenlose Zukunft schaffen." „Ich sah sie" — schreibt Hebbel an Charlotte Rousseau — „und schon beim vierten Sehen verlobten wir uns miteinander. Hiermit ist alles gesagt. Was meine Braut als Künstlerin bedeutet, wissen Sie vielleicht und ich wünsche Ihnen den Genuß, sie einmal in einer ihrer großen Rollen zu sehen. Ich selbst habe nie einen mächtigeren Eindruck im Theater erfahren, als von ihrer Chriemhild in Raupachs Nibelungenhort, so über alles Maß elend das Machwerk an sich auch ist. Aber das kommt gar nicht in Betracht gegen ihren menschlichen Wert. Sie war schon sehr unglücklich und ist unendlich schwer geprüft worden, aber, solange die Welt steht, haben wohl nur Wenige einen solchen Seelenadel, ein so reines, edles Herz aus einem Flammenbad, wie das ihrige, gerettet. Ich glaube nicht, daß ihr Jemand ins Auge sehen kann, ohne sie zu lieben, die Güte ihres

Wesens ist unwiderstehlich ... Ich liebe sie, wie ich noch nie geliebt habe und werde ebenso von ihr geliebt. Ein Tag bringt mir jetzt mehr Glück wie ehemals ein ganzes Jahr. Sie ist lebenslänglich mit 5000 Gulden beim Hofburgtheater engagiert, ihre Stellung erlaubt uns daher, zu heiraten, sobald wir wollen, und es wird in wenigen Monaten geschehen."

Zehn Jahre früher hatte Hebbel ahnend in sein Tagebuch geschrieben: „Das Weib gebiert den Menschen nicht einmal, sondern zweimal. Auch die geistige Wiedergeburt durch die Humanität ist ihr Werk." Für wenige Menschen trifft dies Wort so tief zu wie für Hebbel. Und Christine ist es, der er seine Wiedergeburt verdankt.

„Mir ist, als ob das Leben, ja ich selbst, erst jetzt wieder mein geworden wäre. Mein neues Verhältnis füllt mein Leben aus, wie es noch niemals ausgefüllt wurde, es bringt mich um das Bewußtsein meiner selbst, um das Gefühl des Rings, in den wir alle eingepreßt sind." Über „Genovefa" hatte er schreiben müssen: „Das Stück ist aus sehr trüben und bitteren Gemütsstimmungen hervorgegangen, es ist eher ein aufgebrochenes Geschwür als ein objektives Werk." Und diese Stimmungen steigerten sich unter der Gnadenlosigkeit seines Schicksals zur Verzerrung und Verbitterung. Seine Briefe an Elise aus Paris und Rom gellen von Dissonanzen. Seine Gedichte und Balladen suchen die Schauer des Tragischen im Schauerlichen krasser Gespenster- und Räuberromantik. Seine Dramen „Genovefa", „Der Diamant" und die in dieser Zeit entworfenen „Julia" und „Ein Trauerspiel in Sizilien" sind verzerrt durch subjektive Zufälligkeiten und

Gewaltsamkeiten. Noch ist das äußere und innere Leben Hebbels zu gewaltsam, zu krampfhaft steht er noch im persönlichen Kampf, um den allgemeinen, den tragischen Kampf alles Lebens rein gestalten zu können. „Die Welt drängte auf mich ein wie ein zusammenfallendes Gewölbe; es war ein Flüchten ins Tiefste hinein, ein Schlüpfen und Verstecken in den verborgensten Winkel."

Ihm selbst sind die Gefahren dieses Zustandes für seine Dichtung oft angstvoll bewußt. Ergreifend ringt sich aus seinem zwiespältigen Leben die Sehnsucht nach dem Anmutigen und Schönen los. Während sich „ein Himmel von Backsteinen über mir wölbt", während „ich in mich selber hineinstarren, als Ruine mich niederbrennen sehen muß", wird die Vision des Schönen, Zwiespaltversöhnenden ihm immer deutlicher, immer gebietender. Italien, Rom und Neapel, steigern diese Sehnsucht oft zu Tränen. „Die Schönheit wird mir in Kunst und Leben immer mehr Bedürfnis." Im „Opfer des Frühlings", einem großen Gedicht aus Rom, erblickt er tiefbewegt, „ein Zeichen, daß die Natur, wenn das Glück mich nur einigermaßen begünstigt und mich nicht in Sorge und Not ersticken läßt, mir vielleicht noch eine höchste, nie von mir geahnte oder gar gehoffte Gunst bewilligen, daß sie mich würdigen wird, durch meinen Mund nicht bloß das Bedeutende, sondern auch noch das Schöne auszusprechen."

Aber — „was sollte ein Tragödienschreiber denn anders sein als ein Tragödienheld!" — Die Meute des Schicksals bleibt ihm auf den Fersen, die Eumeniden seiner schuldvollen Liebe (zu Elise) verfolgen ihn unerbittlich. Erst auf dem Gipfel der Tragik erscheint — eine zweite Iphigenie — Christine und weiß durch ihre „reine Menschlichkeit" auch seine „menschlichen Gebrechen" zu sühnen und ihn zum Frieden zu führen.

Christine ist ihm „ein Wesen, vor dem wir alle uns beugen müssen" (1847). „Eine Herzensreinheit und Engelgüte ohne Gleichen!" (1847). „Die reinste Seele, die auf der Erde wandelt" (1858). Und mehr denn bei Iphigenie ist ihr „Seelenadel" kein unerprobter, sondern „unendlich schwer geprüft", „aus einem Flammenbad" gerettet.

Wie Orestens Wort und Dank an Iphigenie klingt es nun aus seinen Briefen:

> Es löset sich der Fluch, mir sagt's das Herz.
> Die Eumeniden ziehn, ich höre sie,
> Zum Tartarus und schlagen hinter sich
> Die ehrnen Tore fernabdonnernd zu.
> Die Erde dampft erquickenden Geruch
> Und ladet mich auf ihren Flächen ein,
> Nach Lebensfreud und großer Tat zu jagen.

„Ich habe nicht mehr das Recht, mich über etwas zu beklagen, der Himmel hat mir in ihr im Voraus eine Entschädigung für Alles gegeben. Du glaubst nicht, wie gut sie ist" (1846). „Diese Heiterkeit, womit ich Allem entgegen sehe, kommt zum größeren Teil auf Rechnung des engelguten Weibes, womit mich Gott beglückt hat" (1846). „Kein wahreres Wort steht in der Bibel als das, was Jesus Sirach über ein gutes Weib sagt, und Keiner hat das besser erfahren als ich. Der Himmel hat mich, ich muß es dankbar anerkennen, für die erste Hälfte meines Lebens aufs reichlichste durch die zweite entschädigt, und vor allem durch die Frau, die er mich finden ließ, als ich dem Grabe näher war wie dem Brautbett" (1859). „Ich gehöre zu den glücklichsten Menschen, die auf der Erde leben, mein innerer Friede wächst von Tage zu Tage" (1858).

Alle persönliche Tragik war nun überwunden, rein und ganz konnte er sich der allgemeinen Tragik hingeben. Von nun an spiegeln seine Tragödien den Sinn des Lebens, den Gang der Menschheit rein und vollendet wieder. Sein Wort trifft ein: „Meine künftigen Dramen werden gewiß dem Grundcharakter nach von meinen bisherigen nicht verschieden sein, aber ich hoffe, man soll meine eigenen, individuellen Schmerzen nicht darin wieder erkennen, man soll finden, daß ich die tragischen Sentenzen nicht mehr mit meinem am eigenen Krampf zitternden Arm vollziehe." Mehr und tiefer noch unterscheiden sich Dramen wie „Herodes und Mariamne", „Gyges und sein Ring" von den vergangenen: Hebbel selber scheinen „in meiner Dichterlaufbahn zwei Perioden wohl zu unterscheiden. Die erste geht von der Judith bis zum Herodes; in ihr habe ich das Licht gewiß auch gemalt, aber allerdings meistens durch den Schatten, und man kann die Werke derselben versöhnungslos finden ... Die zweite beginnt mit dem Herodes ... Den hierher gehörigen Werken wird niemand die Versöhnung absprechen können, wenn er anders mit der in der Tragödie überhaupt möglichen zufrieden ist."

Die dereinst ihm „höchste, nie von mir geahnte oder gar gehoffte Gunst", gewürdigt zu werden, „nicht bloß das Bedeutende, sondern auch das Schöne auszusprechen", ist ihm geworden. Eine kristallene Schönheit, Musik der Seelen klingt aus den Versen und Szenen von „Herodes und Mariamne", von „Gyges und sein Ring", wie sie die brüchigen, gedanklich zersetzten Jamben „Genovefas" nicht ahnen ließen, ein warmer Goldton, der aus der ebenso vollen wie reinen Menschlichkeit Christines schwingt, daran er täglich reichen Anteil hat. Durch sie erfährt er die Heiligkeit und Tiefe der einfachsten menschlichen Beziehungen: „Daß erst die Ehe den Menschen zum ganzen Menschen macht." Ehrfürchtig erfährt er das Werden eines Kindes, seine ersten Bewegungen im Leibe der geliebten Frau, erfährt er die Schwere der Geburt, „daß ich mich am Ende der bittersten Tränen nicht enthalten konnte", erfährt er — beglückt, „daß mir das Herz dabei überläuft" — die ersten, holden Mutterzärtlichkeiten. „Wenn ich des Morgens erwache" — schreibt er nach zwölfjähriger Ehe — „und den ersten Laut meiner Frau und meines Kindes vernehme, so kann ich mich freuen, daß mir die Tränen ins Auge treten." In seinem Epos „Mutter und Kind", das er 1856 „am Geburtstage meiner lieben Frau" begonnen, wird diese Heiligkeit und Tiefe elterlichen Glückes zum Grundgefühl:

Wer zählt die Freuden der Eltern
An der Wiege des Kindes, und wer die Wonnen der Mutter,
Wenn sie noch Alles in Allem ihm sein darf, während der Vater
Ihm noch ferne steht, wie Himmel und Erde, und einzig
Durch die Sorge für sie, die beide vertritt, wie ihn selber,
Seine Liebe zu ihm betätigt! Wer nennt uns die Sprossen
Dieser goldenen Leiter der reinsten Gefühle, auf welcher

Sich der Mensch und der Engel begegnen und tauschen, und welche
Alle Sphären verbindet und alle Wesen vereinigt!

Aber auch den Tod eines Kindes erfährt er früh mit ihr: „Unendlich haben wir gelitten, die arme Mutter und ich", „aber selbst dieser Schlag hat uns, wo möglich, noch fester aneinander geknüpft."

Christine gibt Hebbel nicht nur allgemeine seelische Grundstimmungen, unmittelbarer hat sie an seinem Schaffen teil: sie gibt seinen Dramen ihre größten Gestalten; „Sie hat als tragische Künstlerin in Deutschland nicht ihres Gleichen ... Mir ist sie Alles, mein höchstes Glück und die Bedingung jedes Glücks, denn sie steht als Weib noch höher wie als Künstlerin, ich brauche sie bloß abzuschreiben, um sicher zu sein, das Vortreffliche zu erreichen." In Wahrheit sind Gestalten wie Mariamne, Rhodope, Kriemhild ohne Christine nicht denkbar. Von Mariamne bezeugt Hebbel selber, daß sie „nicht bloß für meine Frau geschrieben, sondern meine Frau selbst ist". Und auch die Entstehung der „Nibelungen" hat sie schöpferisch angeregt: in der Aufführung des Burgtheaters von Raupachs unbedeutendem „Nibelungenhort", in der sie die Kriemhilde spielte, machte sie ihm den Stoff und die Hauptgestalt zum zündenden Erlebnis. „Tine als Kriemhild" — schrieb er in sein Tagebuch — „eine schwarze Flamme! Groß! Übergewaltig! — Schwarze Flamme, Weltgerichtsflamme!" Und drei Jahre später noch an Ruge: „Nie erlebte ich einen ähnlichen Eindruck." In der Widmung der Trilogie „Meiner Frau Christine Henriette, geb. Engehausen" gibt er diesen ihren schöpferischen Anteil kund:

– – –

> Da trat ich einmal in den Musentempel,
> Wo sich die bleichen Dichterschatten röten
> Wie des Odysseus Schar, von fremdem Blut.
> Ein Flüstern ging durchs Haus, und heilges Schweigen
> Entstand sogleich, als sich der Vorhang hob,
> Denn du erschienst als Rächerin Kriemhild...
> Ein lauter Jubel scholl durch alle Räume,
> Wie du, die fürchterlichste Qual im Herzen,
> Und grause Schwüre auf den blassen Lippen,
> Dich schmücktest für die zweite Hochzeitsnacht;
> Das letzte Eis zerschmolz in jeder Seele
> Und schoß als glühnde Träne durch die Augen,
> Ich aber schwieg und danke dir erst heut.
> Denn diesen Abend ward mein Jugendtraum
> Lebendig, alle Nibelungen traten
> An mich heran, als wär ihr Grab gesprengt,
> Und Hagen Tronje sprach das erste Wort.
> Drum nimm es hin das Bild, das du beseelt,
> Denn dir gehört's, und wenn es dauern kann,
> So sei's allein zu deinem Ruhm und lege
> Ein Zeugnis ab von dir und deiner Kunst!

Und wie Christine den Ring begonnen, so schließt sie ihn: sie ist es, die Kriemhildes Gestalt, der sie die Seele gegeben, auch auf der Bühne wieder Blut und Körper leiht, zuerst bei der Uraufführung in Weimar, von der Hebbel hingerissen in sein Tagebuch schreibt: „die Leistung meiner Frau gewaltig". Von ihrer schöpferischen Wiedergabe seiner Dichtungen ist Hebbel schon 1847 so ehrfürchtig ergriffen, daß er in seinem Tagebuch fragt: „Warum wird das Schöne in einer Seele, die es so ganz empfindet, nicht auch geboren, wozu der Umweg durch mich in sie!"

Schon ein halbes Jahr vorher hat er von ihrer beider unvergleichlichen, menschlichen und künstlerischen Schöpfergemeinschaft Zeugnis gegeben:

An Christine Engehausen

Du tränkst des Dichters dämmernde Gestalten,
Die ängstlich zwischen Sein und Nichtsein schweben,
Mit deinem Blut und gibst den Schatten Leben,
In denen ungeborne Seelen walten.

Ich aber möchte nicht zu früh erkalten,
Der Zeit die Form zu dem Gehalt zu geben
Und über sich hinaus sie zu erheben
Durch neuer Schönheit schüchternes Entfalten.

Doch dieses Deutschland wird uns schwer erwarmen,
Und eh wir's denken, stehn wir ab, verdrossen,
Drum laß uns Eins das Andere belohnen.

Wo treu und fest sich Mann und Weib umarmen,
Da ist ein Kreis, da ist der Kreis geschlossen,
In dem die höchsten Menschenfreuden wohnen.

Wie wenig er in solchen Gedichten an Christine — es kommen hinzu: "Meiner Frau ins Album", "An die deutsche Künstlerin", "Der Geburtstag auf der Reise" — ihr sein Tiefstes und Letztes an Dank und Liebe sagen konnte, hat Hebbel 1852 ihr in einem Brief aus München ausgesprochen: "Weißt Du, was mich diese drei Tage aufrecht gehalten hat? Einzig und allein der Gedanke an Dich, oder vielmehr das Gefühl von Dir! So bist

Du mir niemals nah gewesen wie dies Mal. Mir war wirklich, als ob die Mütze, die Du mir noch ganz zuletzt mit rührender Sorgfalt stricktest, elektrische Funken ausströmte, ich glaubte zuweilen von Deinen eigenen Fingern berührt zu werden, was mir immer so wohl tut! Ich grub mich hinein in Dich, sah Dein teures Angesicht über mich geneigt, faltete die Hände und schloß die Augen! Das war ein Bild, das mir wie gemalt vorschwebte, obgleich ich selbst ein Teil davon war; es gibt ja auch im Wachen solche Traum-Zustände, worin sich Alles durcheinander schiebt. Die einzelnen Momente meiner Reise soll man gern zu meinen Freuden rechnen, denn süßere habe ich nie gehabt. Dann rief ich so halblaut vor mich hin: Du guter, guter Pinscher! [so nannte Hebbel gern seine Frau nach einem kleinen, todestreuen Hunde, der ihn auf seiner furchtbaren Fußreise von München nach Hamburg begleitete] und in diesen Ausruf ging mehr von meinem Herzen hinein, als in tausend Gedichte! Das glaube mir, und darin liegt der Grund, warum bedeutende Dichter so selten oder nie auf Wesen, die zu ihnen gehören und von denen sie sich in ihrem eigenen Bewußtsein kaum noch geschieden fühlen, ein Gedicht machen. Sie können sich ja auch da nicht verläugnen, sie müssen ja auch in einem solchen Fall nach der höchsten Vollendung der Form streben, und die Form erkältet alles Subjektive, da sie verallgemeinert! Auch habe ich persönlich ein Gefühl dabei, als ob ich auf mich selbst dichtete, da es wahrlich keine Phrase ist, daß Mann und Weib Eins sind! Bei Liebenden ist das etwas Anderes, sie sollen erst Eins werden und gleichen einem edlen Wein, der in zwei verschiedenen Pocalen funkelt; es ist wenigstens äußerlich noch eine Trennung."

Die Erfüllung, die Christine Hebbels Leben bedeutete — auch nach seinem Tode 1863 bis zu ihrem späten Hingang 1910 blieb sie die unermüdliche Hüterin und Förderin seines Werkes — zeigt sich in den Tagebucheinträgen des einst so Ruhelosen: „Möge mir nur bleiben, was ich habe, mehr will ich vom neuen Jahr garnicht fordern" (1849), „Wenn ich nur behalte, was ich habe, so will ich unendlich zufrieden sein" (1850), „Bleibe Alles, wie es ist!" (1853), Silvester 1856:

„Götter, öffnet die Hände nicht mehr, ich würde erschrecken, Denn Ihr gabt mir genug: hebt sie nur schirmend empor!

Ich wiederhole dies Gebet hier aus innerster Seele!" und am erschütterndsten in jenem Wort auf dem Totenbette, dem Wort des Tragikers, der doch tief die Gebrechlichkeit und Zwiespältigkeit alles Endlichen durchschaut hatte: „O Gott, wie gerne lebe ich! Ich bin ja so ganz zufrieden."

Die Geliebte

Das Pfarrhaus zu Sesenheim
Rötel-Zeichnung von Goethe

Friederike Brion

"Lieben heißt im Andern sich selbst erobern." Keinen Dichter trifft dies Wort Hebbels so reich, so groß und fruchtbar wie Goethe. Auf dem Wege, sein eigen Sein zum Sein der Welt zu erweitern, erscheint ihm jede neue Lebensphase als lebendige Gestalt in einem Weibe. In der Liebe zu ihm erkennt, erlebt, erliebt er diesen neuen Teil seiner Welt, der Welt erst in letzter, schöpferischer Verbundenheit.

Keine Frau aber ist von solch schicksalhafter, sinnbildlicher Kraft und Bedeutung für Goethes Entwicklung wie Friederike Brion. Die entscheidenden Anregungen Straßburgs und Herders, die Goethe erst zu sich selbst befreit haben, erscheinen ihm in ihr als Fleisch und Blut, als seelenhafte Gestalt, in ihr erst erlebt und erliebt er sie als wesentlichen, wirkenden Teil seiner Selbst. Sie steht am Eingang zu Goethes Lyrik, am Eingang zum Faust.

Leipzig hatte den jungen Goethe in die Konvention seiner gesellschaftlichen und künstlerischen Anschauungen hineingezogen, in die ausgehende, von Frankreich übernommene Kultur des Rokoko, der dieses „Klein-Paris" huldigte, eine rationale und formale Kultur. Selbst die Sprache, die obersächsische, durch Gottsched, Gellert, Weiße geschaffene Schriftsprache, war nach dem Muster Boileaus unter dem Gesichtspunkte der Zweckmäßigkeit, Reinigkeit und Richtigkeit gebildet. Goethe hatte sich ihr gefügt, er hatte seine Frankfurter Dichtungen verbrannt, wie er seine Frankfurter Kleider gegen zierliche Leipziger Gewänder vertauscht hatte. Seine Lyrik paßte sich dem Geschmack des literarischen Leipzig an: Wieland, Hagedorn, Gleim, Weiße waren die Vorbilder, die wieder nach französischen, italienischen und antiken Mustern schufen. Ergötzung und Belehrung einer gebildeten Gesellschaft war Wesen und Aufgabe dieser Poesie, die das Schöne und Wahre aus klarer Einsicht in die Gesetze des Schönen und der Welt bestimmen wollte. Überlieferte Formen, überlieferte Stoffe und Situationen, epigrammatische Scherze und moralisierende Nutzanwendungen machen auch Goethes Leipziger Lyrik aus. Und wenn zumeist die Liebe den Stoff gibt, so ist es die Konvention, die Galanterie der Liebe, das zierlich berechnete Spiel.

Die Liebe zu Käthchen Schönkopf vermag diese Schranken wohl in wenigen Strophen zu lösen, aber nicht zu brechen. Denn sie weckt — wie die Liebe zum Frankfurter Gretchen — in Unruhen des Blutes nur den Menschen, nicht die Persönlichkeit Goethes.

Dann kommen die anderthalb Krankenjahre daheim, die Goethe aus der Konvention und Verstandeshelle der Leipziger Gesellschaft in die religiösen Tiefen seiner Seele drängen. Dem Pietismus Fräulein von Klettenbergs, der mütterlichen Freundin, verbinden sich mystische und alchimistische Studien. Das Göttliche, das er im Innern erkannt, will die künstlerische Einheit seines Wesens sich im Sinnlichen zur Anschauung bringen: er legt sich ein kleines Laboratorium an, er operiert an seinem Windofen mit Kolben und Retorten, unter Anleitung des chemischen Kompendiums von Boerhave sucht er methodisch in die Chemie einzudringen. So drängt er über den engen Rationalismus der Leipziger Zeit hinaus, in der eigenen Verinnerlichung ahnt er die Innerlichkeit des Seins. Und sein Wesen wartet darauf, diese Ahnung in größeren Zusammenhängen zu bestätigen, sich in der Welt, die Welt in sich nun tiefer, reicher und lebendiger zu verstehen, zu erschaffen.

Am 2. April 1770 trifft Goethe in Straßburg ein. Nach seiner und seines Vaters Absicht sollte Straßburg eine Steigerung Leipzigs werden: es sollte ihm den vollen Gebrauch der französischen Sprache, die nahe Kenntnis französischer Sitte und Literatur vermitteln. Aber gerade die unmittelbare Auseinandersetzung dieser Grenzscheide bewirkte das Gegenteil. Straßburg, das seit 90 Jahren unter französischer Herrschaft stand, war zwar nicht in seiner oberen Gesellschaft, doch in seiner Universität, seinen Bürgern und 83 Zünften noch deutsch geblieben. Und die Mitglieder der „Tischgesellschaft", die Goethe aufnahm, Salzmann, Lerse, Jung-Stilling, Lenz, H. L. Wagner waren sich ihres germanischen Gegensatzes gegen die romanische Kultur und Literatur betont bewußt. Sie fanden die französische Poesie „bejahrt und vornehm", die bloße Verstandeskultur überheblich, flach und unzulänglich. Mit dem Schweizer Rousseau standen sie auf gegen Voltaire und die Enzyklopädisten. Gegen die niedergehende französische Kultur begannen sie unter dem Schlachtruf „Natur!" sich zusammenzuscharen.

Dies erwachende Naturgefühl führte Goethe und die Freunde auch hinaus vor die Tore, in die elsässische

Landschaft, die er schon am ersten Tage hoch vom Münster umfaßt und begrüßt hatte, „mein Schicksal segnend, das mir für einige Zeit einen so schönen Wohnplatz bestimmt hatte". Im Juni unternahm er mit den beiden Unterelsässern, den Tischgenossen Engelbach und Weyland zu Pferde einen weiten Ausflug in das herrliche, burgen= und sagenreiche Land. Und eine Schilderung Goethes vom 27. Juni 1770 aus Saarbrücken, offenbart, wie tief er schon in das geheimnisvolle Leben und Weben der Natur vorgedrungen war: „Gestern waren wir den ganzen Tag geritten, die Nacht kam herbei, und wir kamen eben aufs Lothringische Gebürg, da die Saar im lieblichen Tale unten vorbei fließt. Wie ich so rechter Hand über die grüne Tiefe hinaussah, und der Fluß in der Dämmerung so graulich und still floß, und linker Hand die schwere Finsternis des Buchenwaldes vom Berg über mich herabhing, wie um die dunkeln Felsen durchs Gebüsch die leuchtenden Vögelchen still und geheimnisvoll zogen: da wurd's in meinem Herzen so still wie in der Gegend, und die ganze Beschwerlichkeit des Tages war vergessen wie ein Traum." Zum erstenmal ist Seele und Landschaft eins geworden. Und zum erstenmal schwillt im selben Briefe ein Klang, ein ahnender Vorklang der Liebe auf, aller Galanterie entrückt, aus dunklen Sinnen= und Herzenstiefen: „Sobald unser Herz weich ist, ist es schwach. Wenn es so ganz warm an seine Brust schlägt und die Kehle wie zugeschnürt ist, und man Tränen aus den Augen zu drücken sucht, und in einer unbegreiflichen Wonne dasitzt, wenn sie fließen — o da sind wir so schwach, daß uns Blumenketten fesseln, nicht weil sie durch irgend eine Zauberkraft stark sind, sondern weil wir zittern, sie zu zerreißen."

So ist alles in Goethe bereit, alles harrt der entscheidenden Stunden, die ihn zur schöpferischen Freiheit führen. Herder war es, dem (Anfang September 1770 bis Ostern 1771) diese historische Aufgabe wurde. Aus den gezirkelten Rokokogärten führte er Goethe in die Weite der Natur und Geschichte, ins kosmische Werden. Er löste ihm die rationalistisch erstarrte Welt, alles ruhende Sein wandelte er in Bewegung; im ewigen Werden des Alls zeigte er ihm die unaufhörliche Offenbarung Gottes. Er zeigte ihm Sprache und Dichtung als ihren ursprünglichsten Teil; sie waren nicht menschlichen Zwecken und Regeln dienstbar, "nicht ein Privaterbteil einiger feinen gebildeten Männer", sie waren "eine Welt- und Völkergabe", eine Naturgewalt, der Hauch und Laut Gottes und der Geschichte. So war die Bibel ein religiöses und dichterisches Urdokument, so waren Ilias und Odyssee, so waren die Volkslieder und Ossians Gesänge, so war Shakespeare höchste Natur und Kunst zugleich. "Poesie ist die Muttersprache des menschlichen Geschlechts". Hamann hatte diesen Satz aufgestellt, Herder begründete und erweiterte ihn: "Was war die erste Sprache als eine Sammlung von Elementen der Poesie? Nachahmung der tönenden, handelnden, sich regenden Natur ... Die Natursprache aller Geschöpfe, vom Verstande in Laute gedichtet, in Bilder von Handlung, Leidenschaft und lebender Einwirkung! ... eine beständige Fabeldichtung voll Leidenschaft und Interesse! Was ist Poesie anders?" Erst die Entfernung von der Natur, erst die verständige Nützlichkeit bildete die Poesie zur Prosa um, opferte die sinnliche Schönheit der Sprache ihrer „Reinigkeit und Richtigkeit".

Die Poesien aller Völker, ihre ersten unmittelbaren Laute, ihre persönlichen Offenbarungen schlug er Goethe auf: Homer, Pindar, Äschylus, Sophokles, Shakespeare, Ossian, und tat ihm dar, wie die Sprache und Dichtung jedes Volkes in seiner Eigen- und Einzelart gegründet ist. Goethe begriff die Einheit seines Wesens mit seinem Volke, deutsche Vergangenheit und deutsche Kunst lebten in ihm. Er begriff die letzte Einheit, darin der höchste Ausdruck der Völker, ihre genialen Individuen, sich zusammenfinden zu einer Menschheitsfamilie. Durch alle Zeiten und Zonen sucht er nach diesen großen persönlichsten Offenbarungen der Völker, seinen Verwandten, seinen „Brüdern". Am gewaltigsten drängte es ihn zu Shakespeare, „dem das Leben ganzer Jahrhunderte durch die Seele bebte". „Die erste Seite, die ich in ihm las, machte mich auf Zeitlebens ihm zu eigen, und wie ich mit dem ersten Stücke fertig war, stund ich wie ein Blindgeborener, dem eine Wunderhand das Gesicht in einem Augenblicke schenkt. Ich erkannte, ich fühlte aufs lebhafteste meine Existenz um eine Unendlichkeit erweitert. ... Ich sprang in die freie Luft und fühlte erst, daß ich Hände und Füße hatte."

Auch der Lyrik Goethes half Herder zur Befreiung. Seine Untersuchungen über die Anfänge der Poesie hatten ihn auf die ursprünglichsten und allgemeinsten dichterischen Äußerungen der Völker geführt: das Volkslied. Als Äußerungen eines einfachen ungetrennten Volkslebens besaßen sie die Einfachheit, Unmittelbarkeit und Sinnlichkeit alles

Naiven. In ihnen war sich der Mensch noch nicht der Gegensätze in und um sich bewußt geworden, er lebte noch mit der Natur, er äußerte sich sinnlich und unmittelbar wie die Natur. Er klärte und bemächtigte sich seiner Gefühle nicht, indem er sie im Begriff verallgemeinerte, sondern indem er sie sich im Bilde veranschaulichte. Mit Begeisterung sammelte und übersetzte Herder Volkslieder aus allen Sprachen und Zeiten. Er trieb Goethe an, im Elsaß nach Volksliedern zu suchen. Auch sie empfand er als Natur: „Je entfernter von künstlicher, wissenschaftlicher Denkart, Sprache und Letternart das Volk ist, desto weniger müssen auch seine Lieder fürs Papier gemacht und tote Letternverse sein: vom Lebendigen und gleichsam Tanzmäßigen des Gesanges, von lebendiger Gegenwart der Bilder, vom Zusammenhang und gleichsam Notdrange des Inhalts, der Empfindungen ... davon allein hängt ... die ganze wundertätige Kraft ab, die diese Lieder haben ... Wir sehen und fühlen kaum mehr, sondern denken und grübeln nur." — — —

Fünf Wochen waren vergangen, seitdem diese neuen Lebenswellen Goethe überbrandeten, da (wahrscheinlich vom 10.—13. Oktober 1770) führte ihn sein Freund und Tischgenosse Weyland nach Sesenheim, zur verwandten Familie des Pfarrers Brion.

Dramatischer und bedeutender hätte das Schicksal den Zeitpunkt nicht wählen können. Alles unverstandene Leben, alles gelöste Natur- und Liebesgefühl kreiste in ihm, sehnte sich nach einem Kern, der ihm zur Mitte wurde, nach einem Stern, um den es schwingen könnte — und fand ihn in Friederike.

„... In diesem Augenblick trat sie in die Türe; und da ging fürwahr an diesem ländlichen Himmel ein allerliebster Stern auf... Ein kurzes, weißes, rundes Röckchen mit einer Falbel, nicht länger, als daß die nettsten Füßchen bis auf die Knöchel sichtbar blieben, ein knappes, weißes Mieder und eine schwarze Taffetschürze — so stand sie auf der Grenze zwischen Bäuerin und Städterin. Schlank und leicht, als wenn sie nichts an sich zu tragen hätte, schritt sie, und beinahe schien für die gewaltigen blonden Zöpfe des niedlichen Köpfchens der Hals zu zart. Aus heiteren, blauen Augen blickte sie sehr deutlich umher, und das artige Stumpfnäschen forschte so frei in die Luft, als wenn es in der Welt keine Sorge geben könnte; der Strohhut hing ihr am Arm."

In „Dichtung und Wahrheit" hat Goethe all seine Kunst aufgeboten, um die Wirklichkeitselemente des Sesenheimer Erlebnisses zu dichterischer Vollkommenheit zu steigern, zu mythisieren. Er hat die Zahl und Zeit der Besuche ganz seinem künstlerischen Aufbau angepaßt, die erste Begegnung hat er in den Frühling verlegt, ihrem Wesen, ihrer Bedeutung für seine Entwicklung gemäß, er hat sich novellistisch in doppelter Verkleidung eingeführt, während die zweite nach den Ortsverhältnissen unmöglich war, er hat die Zustände des Pfarrhauses von vornherein unter den Blickpunkt des „Landpredigers von Wakefield" gerückt, den er erst im November durch Herder kennen lernte. Er hat dem Idyll dramatische Spannung gegeben, indem er eine Tändelei mit den Töchtern seines Straßburger Tanzlehrers zur Verwünschung der eifersüchtigen Schwester zuspitzt, gegen jene, „die zum erstenmale nach mir diese Lippe küßt".

Friederike war 18 oder 19 Jahre alt, da Goethe sie erblickte, die dritte von vier Töchtern, denen als jüngstes Kind noch ein Bruder gefolgt war. Die Protestanten von sechs Dörfern gehörten zu Brions Pfarre, mehr als 1500 Seelen; das Pfarrdorf selbst hatte gegen 1000 Einwohner, von denen zwei Drittel protestantisch waren; ganz von Bäumen und Gärten umgeben, bestand es fast nur aus einer einzigen langen Straße; der hölzerne Fachwerkbau des Pfarrhofs war zweistöckig, grün umrankt und wie ein Bauernhof von einer Scheune flankiert. Gegen zweihundert elsässische Morgen Pfarrlandes gehörten zu ihm. Aber diesen bäuerlichen Verhältnissen gaben die städtischen Verwandten der Mutter, angesehene höhere Beamte, Gegengewicht, da sie den Austausch der Kinder, den öfteren Wechsel zwischen Stadt- und Landleben ermöglichten.

Es war Goethe, als wenn er in dieser Welt aus den verbrauchten, konventionellen Formen der Gesellschaft zu den schlichten, ewigen Urformen des Lebens zurückkehrte. Wie Faust, der Titan, vor Gretchen, so steht er ergriffen vor Friederike; sie hat ebensosehr auf die Gartenszene im „Faust", als diese auf die Schilderung in „Dichtung und Wahrheit" gewirkt: „Es war mir sehr angenehm, stillschweigend der Schilderung zuzuhören, die sie von der kleinen Welt machte, in der sie sich bewegte, und von den Menschen, die sie besonders schätzte. Sie brachte mir dadurch einen klaren und zugleich so liebenswürdigen Begriff von ihrem Zustand bei, der sehr wunderlich auf mich wirkte; denn ich empfand auf einmal einen tiefen Verdruß, nicht früher mit ihr gelebt zu haben ... Sie wurde zuletzt immer redseliger und ich immer stiller. Es hörte sich ihr gar so gut zu, und da ich nur ihre Stimme vernahm, ihre Gesichtsbildung aber sowie die übrige Welt in Dämmerung schwebte, so war es mir, als ob ich in ihr Herz sähe, das ich höchst rein finden mußte, da es sich in so unbefangener Geschwätzigkeit vor mir eröffnete."

Aus dieser Reinheit und Urtümlichkeit des Menschlichen wächst Friederike in die Einheit und Weite der Natur: „Ihr Wesen, ihre Gestalt trat niemals reizender hervor, als wenn sie sich auf einem erhöhten Fußpfad hinbewegte; die Anmut ihres Betragens schien mit der beblümten Erde und die unverwüstliche Heiterkeit ihres Antlitzes mit dem blauen Himmel zu wetteifern... So wie das Reh seine Bestimmung ganz zu erfüllen scheint, wenn es leicht über die keimenden Saaten wegfliegt, so schien auch sie ihre Art und Weise am deutlichsten auszudrücken, wenn sie über Rain und Matten leichten Laufes hineilte."

Was Rousseau gepredigt, was Herder verkündet hatte: die Natur, das Volk schien in ihr Gestalt, der wehende Atem Gottes in ihr Seele geworden. Ja, sonderlicher noch schien sie Herders Weisungen eins: die Volkspoesie, ein deutsches Volkslied schien in ihr Fleisch und Blut geworden. Seine Süße, seine Innigkeit, seine heimliche Traurigkeit umschwingen sie.

Wie sehr Friederike von Goethe nicht nur als Einzel- und Sonderwesen geliebt wurde, das zeigt in aller Verhaltenheit der Brief, den Goethe am Tage nach der

Rückkehr, von Straßburg aus seiner und seiner Schwester Freundin Katharina Fabricius schrieb: „Ich habe einige Tage auf dem Lande bei gar angenehmen Leuten zugebracht. Die Gesellschaft der liebenswürdigen Töchter vom Hause, die schöne Gegend und der freundliche Himmel weckten in meinem Herzen jede schlafende Empfindung, jede Erinnerung an alles, was ich liebe." Goethes Liebe wird nicht von Friederike aufgefangen und einbehalten, sie wird fortgeleitet in die Natur, in sein Volk, in die ganze von ihm neuzuschaffende Welt.

Der Stadtlärm tönt ihm schrill, die Straßen sind ihm leer. Ihn fiebert nach dem Wiedersehen. Noch eh er selber eilen kann, schickt er eilende Verse:

    Ich komme bald, ihr goldnen Kinder,
    Vergebens sperret uns der Winter
    In unsre warmen Stuben ein.
    Wir wollen uns zum Feuer setzen
    Und tausendfältig uns ergötzen
    Und lieben wie die Engelein.
    Wir wollen kleine Kränzchen winden
    Wir wollen kleine Sträußchen binden
    Und wie die kleinen Kinder sein.

Der Dezember bringt einen zweiten Besuch. Und vielleicht gibt er schon das Gefühl der unlösbaren Verbundenheit, entlockt er schon Goethe nach seiner Rückkehr „mit einem gemalten Bande" das Lebensversprechen, darin die Anakreontik sich vollendet und überwindet:

    Kleine Blumen, kleine Blätter
    Streuen mir mit leichter Hand
    Gute, junge Frühlingsgötter
    Tändelnd auf ein luftig Band.

Zephir, nimm's auf deine Flügel!
Schling's um meiner Liebsten Kleid!
Und dann tritt sie für den Spiegel
Mit zufriedener Munterkeit.

Sieht mit Rosen sich umgeben,
Sie, wie eine Rose jung!
Einen Kuß, geliebtes Leben,
Und ich bin belohnt genung.

Schicksal, segne diese Triebe,
Laß' mich ihr und laß' sie mein!
Laß das Leben unsrer Liebe
Doch kein Rosenleben sein!

Mädchen, das wie ich empfindet,
Reich' mir deine liebe Hand,
Und das Band, das uns verbindet,
Sei kein schwaches Rosenband!

Dann erblüht mit den Osterferien ein Wiedersehen von längerer Dauer. Und jetzt treiben auch in Goethe die Keime zur Blüte; seine Stunde ist gekommen; die drängende Fülle neuen Lebens bricht in neuen Formen durch:

Es schlug mein Herz, geschwind zu Pferde
Und fort! Wild wie ein Held zur Schlacht!
Der Abend wiegte schon die Erde,
Und an den Bergen hing die Nacht.
Schon stund im Nebelkleid die Eiche
Wie ein getürmter Riese da,
Wo Finsternis aus dem Gesträuche
Mit hundert schwarzen Augen sah.

Der Mond von einem Wolkenhügel
Sah schläfrig aus dem Duft hervor;
Die Winde schwangen leise Flügel,
Umsausten schauerlich mein Ohr;
Die Nacht schuf tausend Ungeheuer,
Doch tausendfacher war mein Mut:
In meinen Adern welches Feuer,
In meinem Herzen welche Glut!

Dich sah ich, und die milde Freude
Floß von dem süßen Blick auf mich.
Ganz war mein Herz an deiner Seite
Und jeder Atemzug für dich!
Ein rosenfarbnes Frühlingswetter
Umgab das liebliche Gesicht,
Und Zärtlichkeit für mich — ihr Götter,
Ich hofft' es, ich verdient' es nicht!

Doch ach, schon mit der Morgensonne
Verengt der Abschied mir das Herz:
In deinen Küssen welche Wonne!
In deinen Augen welcher Schmerz!
Ich ging — du standst und sahst zur Erden
Und sahst mir nach mit nassem Blick —
Und doch, welch Glück, geliebt zu werden,
Und lieben, Götter, welch ein Glück!

Wo ist die Bewußtheit, die Berechnung, die Konvention der früheren Lyrik? Aus einer Liebe, in der nicht nur das Individuum, in der die Natur, das All mitschwingt, aus kosmischer Ergriffenheit stürmen die Rhythmen und Bilder. Das Übermaß der inneren, überpersönlichen Erregung schleudert die erste Zeile wie einen Aufschrei aus sich hinaus. Und im Augenblick seiner Entstehung nimmt dieser Schrei rhythmische Form an. Gehalt und Form, Gefühl und Reflexion sind eins. Alles ist Leidenschaft, Handlung, Bewegung. Ein Ritt durch Wald und Nacht zur Geliebten — volksliedhaft setzt es ein, nur ungestümer, dramatischer, dem Lebensgefühl des jungen Genius eins. Und wie sein eigenes, so dramatisch bewegt ist das Leben der Natur. Herders Wort erfüllt sich: „Indem die ganze Natur tönt, so ist einem sinnlichen Menschen nichts natürlicher, als daß sie lebt, sie spricht, sie handelt. Jener Wilde sahe den hohen Baum mit seinem prächtigen Gipfel und bewunderte: der Gipfel rauschte! das ist webende Gottheit! der Wilde fällt nieder und betet an! ... Was sich beweget, lebt, was da tönet, spricht — und da es für oder wider dich tönt, so ist's Freund oder Feind: Gott oder Göttin: es handelt aus Leidenschaften wie du" (Abhandlung über den Ursprung der Sprache). Der Abend wiegt die Erde, wie ein getürmter Riese steht die Eiche im Nebelkleid, mit hundert schwarzen Augen sieht die Finsternis aus dem Gesträuch: überall reckt sich das Leben auf, die Natur ist erstanden, die Welt ist mythenvoll wie im Anfang der Zeit, aber nicht mehr aus naiver, unbewußter, sondern aus bewußter Schöpferkraft.

Briefe und Bücher, Gedichte und Übersetzungen gehen zwischen Straßburg und Sesenheim hin und her und überbrücken die trennenden Wochen. Das Pfingstfest (19. und 20. Mai 1771) bringt das längste Beisammensein der Liebenden: mindestens fünf Wochen weilt Goethe in Sesenheim. Gemeinsam streift er mit Friederike durch die blütenbunte Umgebung. Freunde diesseits und jenseits des Rheins suchen sie auf, sie rudern zu den Rheininseln, fangen und braten sich Fische, plaudern mit Bauern und Schiffern; „aus den Kehlen der ältesten Mütterchen" hascht Goethe elsässische Volkslieder auf. „Man durfte sich nur der Gegenwart hingeben, um diese Klarheit des reinen Himmels, diesen Glanz der reichen Erde, diese lauen Abende, diese warmen Nächte an der Seite der Geliebten oder in ihrer Nähe zu genießen" (Dichtung und Wahrheit). Im Blütenjubel des Mai, „auf einem Hintergrunde von schwankenden Baumzweigen, beweglichen Bächen, nickenden Blumenwiesen und einem meilenweit freien Horizont" geht seine Geliebte, seine Liebe, seine Dichtung in das All und Eins der Natur aufjauchzend ein:

Wie herrlich leuchtet
Mir die Natur!
Wie glänzt die Sonne!
Wie lacht die Flur!

Es dringen Blüten
Aus jedem Zweig,
Und tausend Stimmen
Aus dem Gesträuch,

Und Freud und Wonne
Aus jeder Brust.
O Erd, o Sonne,
O Glück, o Lust!

O Lieb, o Liebe
So golden schön,
Wie Morgenwolken
Auf jenen Höhn:

Du segnest herrlich
Das frische Feld,
Im Blütendampfe
Die volle Welt.

O Mädchen, Mädchen,
Wie lieb ich dich!
Wie blinkt dein Auge!
Wie liebst du mich!

So liebt die Lerche
Gesang und Luft,
Und Morgenblumen
Den Himmelsduft,

Wie ich dich liebe
Mit warmem Blut,
Die du mir Jugend
Und Freud und Mut

Zu neuen Liedern
Und Tänzen giebst
Sei ewig glücklich
Wie du mich liebst!

Aber in die Einheit und Unendlichkeit dieses Augenblicks dringt unerbittlich der Ruf des Schicksals. „Der Zustand meines Herzens ist sonderbar, und meine Gesundheit schwankt wie gewöhnlich durch die Welt, die so schön ist, als ich sie lange nicht gesehen habe. Die angenehmste Gegend, Leute, die mich lieben, ein Zirkel von Freuden! Sind nicht die Träume deiner Kindheit alle erfüllt? frage ich mich manchmal, wenn sich mein Aug in diesem Horizont von Glückseligkeiten herumweidet; sind das nicht die Feengärten, nach denen du dich sehntest? — sie sind's, sie sind's! Ich fühl es, lieber Freund, und fühle, daß man um kein Haar glücklicher ist, wenn man erlangt, was man wünschte. Die Zugabe! die Zugabe! die uns das Schicksal zu jeder Glückseligkeit dreinwiegt!" (19. Juni 1771 an Salzmann).

Goethe galt öffentlich als Friederikens Verlobter. Entscheidende äußere Hindernisse stellten sich der Verbindung nicht entgegen, wenn sie auch dem Herrn Rat kaum willkommen sein würde. Das Examen stand vor der Tür, eine Frankfurter Rechtsanwaltspraxis hinter ihm, bürgerliche Ordnung und bürgerliches Glück warteten seiner. Aber: „Trachte ich denn nach meinem Glücke? ich trachte nach meinem Werke" (Zarathustra). Die äußere Bindung wäre möglich gewesen, die innere Bindung war ihm nicht erlaubt. Er hätte einen Teil, den besten Teil seiner Kräfte an ein geliebtes Wesen geben müssen in dauernder seelischer Teilnahme und Verantwortung. Und er war nicht Herr seiner Kräfte. Die da unergründlich, unermeßlich in ihm heraufdrängten, nach Spannung und Lösung verlangten, sie gehörten nicht ihm, sondern seinem Werke. In neuen Kämpfen, Fahrten und Wandlungen, im unaufhörlichen „Stirb und werde!" wollten sie durchlebt und durchformt werden. So sehr es ihn als Menschen verlangt, Wurzeln zu schlagen, Heimat zu gründen, seinem bisher höchsten Lebensaugenblick Dauer zu geben — als Künstler, als Diener seines Werkes, seines Schicksals muß er sich entsagend lösen, neuer Lebensunrast, allen Freuden, den unendlichen, allen Schmerzen, den unendlichen zu.

Aber: was eine überpersönliche, opferschwere Pflicht und Notwendigkeit war, blieb — und das war die erschütternde Tragik — eine persönliche Schuld. Er hatte Friederike in seinen Lebenskreis gezogen, ohne sie darin halten zu können, er würde sie zerstört zurücklassen.

Dunkel und ruhlos gehen die letzten Wochen. Nach dem Examen eilt er noch einmal nach Sesenheim. „Es waren peinliche Tage, deren Erinnerung mir nicht geblieben ist. Als ich ihr die Hand noch vom Pferde reichte, standen ihr die Tränen in den Augen, und mir war sehr übel zumute." Erst von Frankfurt aus findet er Kraft und Mut, das Band vollends zu lösen. „Die Antwort Friederikens auf einen schriftlichen Abschied zerriß mir das Herz. Es war dieselbe Hand, derselbe Sinn, dasselbe Gefühl, die sich zu mir, die sich an mir herangebildet hatten. Ich fühlte nun erst den Verlust, den sie erlitt und sah keine Möglichkeit ihn zu ersetzen, ja nur ihn zu lindern. Sie war mir ganz gegenwärtig; stets empfand ich, daß sie mir fehlte, und was das Schlimmste war ... hier war ich zum erstenmal schuldig" (Dichtung und Wahrheit).

Was in Goethes Werk an seltener Tragik aufsteigt, hier ist sein Urgrund, nicht nur Weislingens, nicht nur Clavigos moralische Verschuldung, sondern gerade die tiefere, überpersönliche Tragik des Urfaust gründet hier. Friederike ist nicht nur die morgendliche, maienhafte Natur, die Goethes Herz und Lyrik gelöst, sie ist auch das heilige Opfer der Notwendigkeit, daran dem vorstürmenden Titanen der unauflösbare, tragische Rest im Weltengrunde erschütternd deutlich wurde — — —

Wie ein spukhaftes Nachbild weht über die Verlassene im nächsten Jahre die imaginäre Liebe von Lenz, der "neblichten Blicks" Goethes Spuren nachtappt. Herbst 1779 erscheint unvermutet, auf seiner Reise in die Schweiz, noch einmal Goethe im Pfarrhause.

"Den 25. abends", berichtet er Frau von Stein, "ritt ich etwas seitwärts nach Sesenheim, indem die Andern ihre Reise grad fortsetzten, und fand daselbst eine Familie, wie ich sie vor acht Jahren verlassen hatte, beisammen, und wurde gar freundlich und gut aufgenommen. Da ich jetzt so rein und still bin wie die Luft, so ist mir der Atem guter und stiller Menschen sehr willkommen.

"Die zweite Tochter vom Hause hatte mich ehemals geliebt, schöner, als ich es verdiente, und mehr als Andre, an die ich viel Leidenschaft und Treue verwendet habe. Ich mußte sie in einem Augenblick verlassen, wo es ihr fast das Leben kostete. Sie ging leise darüber weg, mir zu sagen, was ihr von einer Krankheit jener Zeit noch überbliebe; betrug sich allerliebst mit so viel herzlicher Freundschaft vom ersten Augenblick, da ich ihr unerwartet auf der Schwelle ins Gesicht trat und wir mit den Nasen an einander stießen, daß mir's ganz wohl wurde. Nachsagen muß ich ihr, daß sie auch nicht durch die leiseste Berührung irgend ein altes Gefühl in meiner Seele zu wecken unternahm. Sie führte mich in jede Laube, und da mußt' ich sitzen, und so war's gut.

"Wir hatten den schönsten Vollmond. Ich erkundigte mich nach Allem. Ein Nachbar, der uns sonst hatte künsteln helfen, wurde herbeigerufen und bezeugt', daß er noch vor acht Tagen nach mir gefragt hatte. Der

Barbier mußte auch kommen. Ich fand alte Lieder, die ich gestiftet hatte, eine Kutsche, die ich gemalt hatte. Wir erinnerten uns an manche Streiche jener guten Zeit, und ich fand mein Andenken so lebhaft unter ihnen, als ob ich kaum ein halb Jahr weg wäre. Die Alten waren treuherzig. Man fand, ich sei jünger geworden.

„Ich blieb die Nacht und schied den andern Morgen bei Sonnenaufgang, von freundlichen Gesichtern verabschiedet, daß ich nun auch wieder mit Zufriedenheit an das Eckchen der Welt hindenken und in Frieden mit den Geistern dieser Ausgesöhnten in mir leben kann."

Im Gefühl und Anblick von Goethes reinem, hohem Menschen- und Künstlertum mag der leidenden Friederike die versöhnende Einsicht geworden sein, daß ihr Opfer nicht vergebens gewesen, mag sie ihr Leben, das in stiller, geschwisterlicher Sorge bis zum Jahre 1813 hinging, ruhiger ihrem Schicksal unterworfen haben. Goethe hat ihr wohl nach der Schweizer Reise noch einmal geschrieben und eine letzte Antwort erhalten; in schlichtem, tiefem, rührendem Ausklang meldet sein Tagebuch vom 13. März 1780: „Guter Brief von Rickchen B."

Ulrike von Levetzow

In Friederike Brion hatte sich Goethe der morgendlich-maiischen Natur verbunden, in Ulrike von Levetzow nahm er Abschied von ihr, beide Male — und nur die beide Male! — in tragischem Konflikt.

1821 begegnet der Zweiundsiebzigjährige in Marienbad der verwitweten Frau von Levetzow mit ihren drei Töchtern, darunter der siebzehnjährigen Ulrike, die eben ihrer Straßburger Pension entwachsen war. Goethe findet Gefallen an der Unschuld und Lieblichkeit ihrer Jugend. Er schenkt ihr den ersten Band von Wilhelm Meisters Wanderjahren, den die Siebzehnjährige umsonst zu genießen sucht. „Das verstehe sie nicht," bekennt sie ihm, „da müsse doch etwas vorhergegangen sein." Darauf habe Goethe geantwortet: „Jawohl, da hast du ganz recht, aber das darfst du noch nicht lesen, das will ich dir erzählen." Und er habe sich mit ihr auf eine Bank gesetzt und ihr stundenlang von dem Inhalt des Wilhelm Meister erzählt.

Goethe neigt sich ihr zu in der freien Heiterkeit des „Divan", in Divanversen scherzt er über sich selbst. Das nächste Jahr findet ihn wieder an Ulrikens Seite, ernster, leidenschaftlicher, bedrängter. Auf der Abreise nach Eger dichtet er den „liebeschmerzlichen Zwiegesang" der „Äolsharfen":

    Der Tag ist mir zum Überdruß.
    Langweilig ist's, wenn Nächte sich befeuern.

> Mir bleibt der einzige Genuß,
> Dein holdes Bild mir ewig zu erneuern.

Aber erst das dritte, lange Zusammensein im Sommer 1823 steigert Goethes Neigung zu tragischer Gewalt.

Am 2. Juli traf Goethe, am 11. Frau von Levetzow mit ihren Töchtern in Marienbad ein. Sie wohnten einander gegenüber. Fünf Wochen waren sie Tag für Tag beisammen. Zahlreiche Gäste aus der deutschen und österreichischen Gesellschaft, auch der Großherzog Karl August, belebten ihren Kreis. Briefe, Tagebuchaufzeichnungen, gesellige Lieder verraten die Spannung. Am 17. August siedeln Levetzows nach Karlsbad über, am 25. folgt Goethe:

> Was soll ich nun vom Wiedersehen hoffen,
> Von dieses Tages noch geschloßner Blüte?
> Das Paradies, die Hölle steht dir offen;
> Wie wankelsinnig regt sich's im Gemüte...

Goethe zieht in den zweiten Stock desselben Hauses, in dem die Levetzows sich einquartiert haben. Bewegter, gesteigerter gehen die Tage, mit Ausflügen, geselligen Zusammenkünften, Tanzfesten, stillen Plauderstunden auf der Bank vor dem Hause und gemeinsamer abendlicher Lektüre. Leidenschaftlicher freut sich Goethe der bescheidenen und graziösen Huldigungen seines „lieben Töchterchens". Zum Höhepunkt wird sein Geburtstag, der „Tag des öffentlichen Geheimnisses", den er mit Levetzows wie eine zusammengehörige Familie durch einen Ausflug nach Elbogen feiert. Der 5. September bringt die Trennung.

Im Februar 1818 hatte Goethe in den Divan die Verse gestellt:

> Die Jahre nahmen dir, so sagst du, vieles,
> Die eigentliche Lust des Sinnespieles,
> Erinnerung des allerliebsten Tandes
> Von gestern, weit und breiten Landes
> Durchschweifen frommt nicht mehr; selbst nicht von oben
> Der Ehren anerkannte Zier, das Loben,
> Erfreulich sonst. Aus eignem Tun Behagen
> Quillt nicht mehr auf, dir fehlt ein dreistes Wagen!
> Nun wüßt' ich nicht, was dir Besondres bliebe?
> Mir bleibt genug! Es bleibt Idee und Liebe.

Goethe hatte geglaubt, den Übergang vom Mann zum Greise in der einfachen Folge des Lebens schon ausgeführt zu haben. Scherzend hatte er sich in den Briefen öfter als „Großpapa" bezeichnet, er hatte an Zelter von der Reflexion geschrieben, die am meisten im Divan walte, und die ja auch den Jahren des Dichters gezieme, er hatte an Müller geschrieben: „Ich bin so alt, daß ich alles, was begegnet, nur historisch betrachten mag", er hatte zu Riemer über sich selbst geäußert, „daß nur die Jugend die Varietät und Spezifikation, das Alter aber die Genera, ja die Familias habe." Aber dieser Übergang vom Gefühl zur Reflexion, von der Varietät zu den Genera war zu bedeutsam für Goethe, als daß er ohne Kampf hätte vorübergehen können. Ihm war die unmittelbare Einheit von Gefühl und Reflexion, von Sinnlichkeit und Idee der höchste Ausdruck seines Wesens und Weltgefühls geworden. In vollendeter Reife und Männlichkeit hatte er beide in sich zu nie geahnter Harmonie verbunden. Und nun kam das Greisenalter, um ihn unmerklich aus dieser Harmonie herauszuziehen, um ihm wenigstens die unmittelbare Einheit mit der Sinnlichkeit des Lebens, der Welt zu nehmen. Eine unbewußte Sehnsucht und Unruhe beginnt in ihm zu wühlen. Kaum ist er 1823 in Marienbad, so schreibt er an Schultz: „Wie lange mein hiesiger Aufenthalt dauern mag, seh' ich nicht voraus; meine Absicht wäre, bis Anfang August hier zu verbleiben, alsdann von Eger aus Gebirg und Land und mancherlei menschliche Zustände unmittelbar zu schauen. Denn mir scheint nichts nötiger als äußere sinnliche Anregung, damit ich mich nicht ins Abstrakte oder wohl gar Absolute verliere." In dieser Stimmung begegnet er aufs neue Ulriken. Und nun drängt alles sinnliche Leben in ihm mit verzweifelter Sehnsucht zu ihr. Der Mann in ihm stemmt sich gegen die Schwelle des Greisenalters zurück. Mit rückgewandtem Gesicht schaut er in die blühende Jugend Ulrikens und fühlt in ihr die ganze Schönheit und Harmonie des Lebens, dem er nun entsagen soll. In ihrer Nähe fühlt er sich „heiter, wie ins Leben zurückkehrend, so wohl, als ich mich lange Zeit nicht gefühlt". — Die Trennung kommt. Aber Goethe weiß, daß diese Trennung auch die Trennung von der Einheit seines Lebensgefühls, von der seligsten Harmonie seines Wesens ist.

> Mir ist das All, ich bin mir selbst verloren,
> Der ich noch erst den Göttern Liebling war;
> Sie prüften mich, verliehen mir Pandoren,
> So reich an Gütern, reicher an Gefahr;
> Sie drängten mich zum gabeseligen Munde,
> Sie trennen mich und richten mich zu Grunde.

In den wunderbaren Stanzen der Marienbader Elegie, darin die Idee noch einmal alle sinnliche Schönheit zu sich ruft, darin Altersstil und -bewußtheit die letzte Lebensleidenschaft in jugendlicher Sprach- und Bildkraft zu bändigen suchen, hat Goethe die tragische Seligkeit und Verlorenheit dieser Gipfelstunden offenbart:

„Dreimal will er aus dieser Qual der Gegenwart, des tödlichen Augenblicks sich erheben, entfliehen in die Zeit, in den Raum, in die Ewigkeit, sich aus dem Drang des Gefühls lindernd ausbreiten in Weite und Ferne durch Betrachtung und Weisheit und Wille, einmal durch Rückschau auf sein Glück, einmal durch Umschau in seiner Natur und einmal durch Aufschau zu seinem, auch von der Geliebten verwirklichten Gott, und dreimal wird er nur tiefer zu sich zurückgeführt, auf sein Ich, das er verloren hat, und auf sie, die er nicht gewonnen hat. Dreimal kämpft seine Weisheit mit all ihren Waffen, diesen immer bewährten Waffen — der erlösenden Bildkraft seiner Erinnerung, der beruhigenden Schaukraft seiner Naturforschung und der erhebenden Glaubenskraft seines Gottwissens — gegen die Gewalt des Allerschütterers, Allzerstörers Eros, und dreimal sinken sie ihm stumpf, wehrlos und wertlos aus der Hand: dreimal ist die Leidenschaft stärker als die Weisheit, der Verlust unermeßlicher als der Besitz; der schmerzliche Augenblick wirklicher als die heilige Ewigkeit. Mit einer hemmungslosen Unterwerfung der Weisheit unter den Schmerz, mit einer bedingungslosen Anerkennung seiner Allmacht und mit einer trostlosen Hingabe des Allbesitzers an den Allberauber endet der Kampf. Seine Weisheit dient nur noch dazu, das Trümmerfeld zu überschauen, und sich selbst hell und grausam, mitten in Tränen, Öde und

Sehnen, zu bekennen, was er besaß und was er verlor: den weiten Wert der eingebüßten Welt, und sein nächstes Glück" (Gundolf).

In dieser tragischen Zerrissenheit — und nur in ihr! — wird Goethe das innerste, dionysische Wesen der Musik deutlich und tröstlich. Er, der in Beethoven nur eine „ganz ungebändigte Persönlichkeit" gefunden hatte, der von der Musik bekannte, „er habe sich ihr mehr durch Nachdenken als durch Genuß genähert", der eben in diesen Tagen Eckermann gegenüber betont, daß er auf seiner dritten Schweizer Reise für alles und jedes Blick und Wort gefunden habe, „aber kein Wort über Musik, weil das nicht in meinem Kreise lag", er schreibt jetzt an Zelter: „Nun aber doch das eigentlich Wunderbarste! Die ungeheure Gewalt der Musik auf mich in diesen Tagen! Die Stimme der Milder, das Klangreiche der Szymanowska falten mich auseinander, wie man eine geballte Faust freundlich flach läßt... Nun fällt die Himmlische auf einmal über mich her, durch Vermittlung großer Talente übt ihre ganze Macht über mich aus, tritt in all ihre Rechte.... Ich bin völlig überzeugt, daß ich im ersten Takte deiner Singakademie den Saal verlassen müßte... So begreift man erst, was das heißt, einen solchen Genuß zu entbehren, der wie alle höheren Genüsse, den Menschen aus und über sich selber, zugleich auch aus der Welt und über sie hinaus hebt." In diesem Erlebnis ist die Einheit des Goetheschen Seins eine Weile gesprengt. Der Plastiker „entbehrt" die Musik, der Welt- und Diesseitsmensch verlangt danach, „aus der Welt und über sie hinaus gehoben" zu werden, sehnt sich, „alle Woche einmal eine Oper zu hören, einen ‚Don Juan', die ‚Heimliche Heirat' in sich zu erneuern und diese Stimmung in die übrigen eines tätigen Lebens aufzunehmen". Bevor der unlösbare Widerstreit, die tragische Verlorenheit seiner Liebe in der „Elegie" Klang und Klage geworden, geben die Strophen an Madame Szymanowska, die schöne polnische Pianistin, Dank und Zeugnis von der erlösenden Macht der Musik auf ihn in diesen Schicksalstagen, wo er auf der Grenz- und Gipfelscheide in zwei gegensätzliche Welten, die apollinische und dionysische, zugleich hinuntersieht. Diese Strophen werden später — indes ein Weisheitswort an Werthers Schatten zum Vortakt wird — der dunklen Erschütterung der Elegie zum leidgelösten, versöhnten Ausklang.

In der tragischen Hilflosigkeit dieses Kampfes, in der Furcht vor der unausweichlichen Verarmung seines Seins keimt der wahnsinnige Entschluß in Goethe, seine vierundsiebzig Jahre Ulrikens neunzehn Jahren zu verbinden, sie zum Weibe zu nehmen. Der Großherzog Karl August fragt bei Frau von Levetzow für ihn an; er geht von Marienbad fort mit der unruhigen Hoffnung auf Ulrikens Jawort.

Über drei Monate wühlt die grausame, die fast vernichtende Krisis in ihm. Ehrfürchtig, erschüttert schauen die Weimarer Freunde zu: „Wie schmerzlich ist es doch" — schreibt der Kanzler Müller —, „solch eines Mannes innere Zerrissenheit zu gewahren, zu sehen, wie das verlorene Gleichgewicht seiner Seele sich durch keine Wissenschaft, keine Kunst wiederherstellen läßt, ohne die gewaltigsten Kämpfe, und wie die reichsten Lebenserfahrungen, die hellste Würdigung der Weltverhältnisse ihn davor nicht schützen konnten."

Noch einmal nimmt die wesensfremde Welt der Musik ihn tröstend auf: vom 24. Oktober bis zum 5. November weilt Madame Szymanowska in Weimar, in täglichem Beisammensein spürt er die erlösende, entrückende Macht ihres seelenvollen Spiels. In der Nacht auf den Abschied, der voll tiefsten Schmerzes, voll hilfloser Tränen, voll langer, sprachloser Nachschau ist, überfällt ihn eine schwere, fünf Wochen währende Krankheit und zieht auch seinen Körper in die tragische Krisis ein. Am 24. November kommt Zelter nach Weimar und findet in Goethe „einen, der aussieht, als hätte er Liebe, die ganze Liebe mit aller Qual der Jugend im Leibe". Die Tragik des Kampfes scheint Goethe zu zerbrechen, „die weimarischen Ärzte erwarten Goethes Tod". Und nun die kurze Tagebuchnotiz Zelters, die alle Größe des Augenblicks ahnen läßt: „Schon zweimal hatte ich den Freund in ähnlichem, dem Tode nahem Zustand angetroffen und ihn unter meinen Augen gleichsam wieder aufleben sehen. Diesmal seine Genesung sozusagen befehligend, sah ich ihn von Stund' an zur Verwunderung der Ärzte so schnell sich erholen, daß ich ihn in der Mitte des Dezembers in völliger Munterkeit verlassen durfte." Goethe hatte überwunden, er hatte den Lauf der Natur anerkannt, er wandte sich bewußt der Reflexion, den Genera zu, er sucht im Sinnlichen nur mehr den Ausdruck der Idee.

Der Sieg, den Goethe in diesem tragischen Konflikt erzwungen, war nicht ein einzelner, die Entsagung, zu der er sich befreit, keine teilweise: „Nur wenige Menschen gibt es, die, um allen partiellen Resignationen auszuweichen, sich ein für allemal im ganzen resignieren. Diese überzeugen sich von dem Ewigen, Notwendigen, Gesetzlichen und suchen sich solche Begriffe zu bilden, welche unverwüstlich sind, ja durch die Betrachtung des Vergänglichen nicht aufgehoben, sondern vielmehr bestätigt werden." Mit bewußter Einseitigkeit sucht sich Goethe zu dieser vollkommenen Resignation Spinozas durchzusetzen. Hatte er in der Liebe zu Ulrike der ewigjungen Mannigfaltigkeit und Unmittelbarkeit der sinnlichen Welt entsagen müssen, so wollte er einem ähnlichen Konflikt ein für allemal vorbeugen, er zwingt sich, diese Entsagung rückhaltlos durchzuführen. Von nun an meidet er alles Reisen, jahrelang geht er nicht über das Weichbild Weimars hinaus, ja er besucht vier Jahre lang selbst Jena nicht, wo er sonst Wochen und Monate zugebracht, und wo die ihm unterstellten Bildungsanstalten seiner Gegenwart wohl bedurft hätten. Am Hofe erscheint er nur noch bei außerordentlichen Gelegenheiten. Er schließt sich in sein Haus, sein „Kloster" ein, um „das Ewige, Notwendige, Gesetzliche" dort in ungestörter Schaffenslust zu verfolgen und sich anzueignen, um das ideelle Leben der Welt hier in gewaltiger Einheit zusammenzuzwingen und durch sich hindurchzuleiten. Umgeben von der anschaulichen Fülle seiner Stiche, Radierungen, Handzeichnungen, Autographen, Münzen, Medaillen, Plaketten, Majoliken, Abgüsse, Mineralien, Pflanzen, Fossilien, Skelette, arbeitet er weiter an der Eroberung der Welt. „Da mich Gott und seine Natur so viele Jahre mir selbst gelassen haben, so weiß ich nichts Beßres zu tun, als meine dankbare Anerkennung durch jugendliche Tätigkeit auszudrücken. Ich will des mir gegönnten Glücks, solange es mir auch gewährt sein mag, mich würdig erzeigen, und ich verwende Tag und Nacht auf Denken und Tun, wie und damit es möglich sei." Das gesamte geistige Leben Europas verfolgt und durchdringt er. Naturwissenschaft und Kunst, Philosophie, Theologie, Geschichte, Geographie und Volkswirtschaft beschäftigen ihn. Sein Arbeitszimmer wird zur Herzkammer der Welt, in das alles Leben einströmt, das alles Leben erneuert weiter treibt. —

Ulrike, die Goethe zum Schicksal geworden, blieb geweiht. Unvermählt — gleich Friederike — wurde sie Stiftsdame des märkischen Klosters „Zum heiligen Grabe" und später die stille, geliebte Patronin der Ihren auf dem böhmischen Familiengut Tzriblitz, wo sie erst 1899 im Alter von 95 Jahren starb.

Heines Mouche

War Ulrike von Levetzow für Goethe das sinnliche Leben, die Schönheit und Harmonie des Daseins, die er an der Schwelle des Greisenalters noch einmal geliebt und begehrt, um sich dann voll hoher Entsagung in das Reich der Ideen zurückzuziehen, so ist die „Mouche" („die Fliege", nach dem Zeichen ihres Petschafts) für Heine das Leben überhaupt, von dem er aus seiner „Matratzengruft" in ohnmächtiger Sehnsucht, in todverklärter Liebe Abschied nimmt.

Wer die Mouche war? Unser Wissen ist unsicher. 1828 war sie vermutlich zu Prag als uneheliches Kind einer Gouvernante geboren. Ihr wahrer Name war Elise Krienitz (nach Georg Brandes: Elise von Krienitz), ihr häufigst vorgeschobener Camilla Selden. Früh war sie von einem Onkel adoptiert und mit nach Paris genommen, wo sie sich musikalisch ausbilden durfte. Dort ging sie in ganz jungen Jahren eine Ehe ein, die in dunkelverworrenem Schicksal zu ihrer Internierung in einer Irrenanstalt führte und mit ihrer Flucht aus der Anstalt ihr Ende fand. Sie floh nach London. Unruhige Wanderjahre trieben ihr späteres Leben durch Deutschland und Frankreich. Alfred Meißner, Heines Freund, soll sie zuerst auf literarische Pfade geführt haben, Hyppolyte Taine ihr später mehr als literarischer Freund gewesen sein. Sie starb 1896 in Rouen als Lehrerin der deutschen Sprache.

Man hat bald Schleier der Romantik um sie gewoben, bald realistische Einzelheiten ihres Abenteurerlebens gegen sie aufgedeckt. Als wenn das irgend Bedeutung hätte!

Für Heine war sie das Leben. Im Juni 1855, mit 27 Jahren, erschien sie an seiner Matratzengruft, ihm Kompositionen seiner Gedichte von einem Wiener Verehrer zu überbringen. „Der Kranke richtete sich empor und, mir die Hand reichend, drückte er seine Freude darüber aus, eine Persönlichkeit bei sich zu sehen, die ‚da unten‘ gewesen war. Bei diesem ‚da unten‘ entschlüpfte ihm ein Seufzer, der wie der Widerhall einer wohlbekannten, aber schon lange nicht mehr gehörten Melodie erstarb." Was sollte dieses „da unten" bedeuten? sollte es Deutschland sein, das Land seiner Jugend? oder sollte es das Land des Lebens sein, drunten die Boulevards, deren Lärm und Lachen zu seinem fünften Stockwerk emporjubelte? Er nahm ihre Hand, er gab ihr ein Buch, er bat sie wiederzukommen, er kritzelte mühsam, mit gelähmten Fingern, in großen Bleistiftstrichen ein Billett: „Sehr liebenswürdige und charmante Person! Ich bedauere sehr, daß ich Sie letzthin nur wenige Augenblicke sehen konnte. Sie haben einen äußerst vorteilhaften Eindruck hinterlassen und ich sehne mich nach dem Vergnügen, Sie recht bald wiederzusehen. — Wenn es Ihnen möglich ist, so kommen Sie morgen, in jedem Fall, sobald es Ihnen Ihre Zeit erlaubt — den ganzen Tag bin ich jeder Stunde bereit, Sie zu empfangen — Ich weiß nicht, warum Ihre liebreiche Teilnahme mir so wohl tut und ich abergläubischer Mensch mir einbilden will, eine gute Fee besuche mich in trüber Stunde. Sie war die rechte

Stunde. — Oder sind Sie eine böse Fee? Ich muß das bald wissen."

Seitdem erscheint sie — mit Ausnahme einer kurzen Erholungsreise ins Wildbad — fast Tag um Tag am Krankenbett bis zu Heines Tode am 17. Februar 1856.

Schon im Jahre 1832 hatten Heines Krankheitserscheinungen eingesetzt, Merkmale einer fortschreitenden Muskellähmung, zwei Finger seiner linken Hand begannen, 1837 zeigt sich ein Augenleiden, das zu einer steigenden Verminderung des Sehvermögens führt. 1845 verschlimmert sich sein Zustand, 1846 mehren sich die Zeichen einer rasch fortschreitenden, schlagartigen Lähmung, seit 1848 ist Heine endgültig in die „Matratzengruft" gebannt. Seine Glieder verkrümmen sich; fast völlig gelähmt, halb blind, von Krämpfen gequält, ist er ohne Heilung und Hoffnung als den Tod. „Alles" — schreibt er 1850 an seinen Bruder — „was Dir die Gerüchte von meinem tragischen Zustand melden konnten, wird von der gräßlichen Wirklichkeit noch übertroffen: Du hast keinen Begriff davon, wieviel ich gelitten und noch leide; beständige Krämpfe und Zusammenziehungen, besonders der Beine und des Rückgrats, zusammengekrümmt liege ich auf einer Seite im Bette, ohne mich bewegen zu können, und nur alle 24 Stunden werde ich auf einige Minuten wie ein Kind in den Sessel gesetzt, während man mir das Bett macht; um die Schmerzen zu betäuben, nehme ich beständig Zuflucht zum Opium." „Aber" — berichtet Meißner — „sein Geist war von den Leiden seines Körpers völlig frei geblieben und arbeitete in einer in Trümmer gehenden Werkstätte mit der alten, unerschöpflichen Kraft, wie unbe-

kümmert darum, wann das Dach über ihm zusammen
stürzen würde." „Existiere ich wirklich noch? Mein Leib
ist so sehr in die Krümpe gegangen, daß schier nichts
übrig geblieben als die Stimme." Acht Jahre lang sang
diese Stimme „das endlose Sterbelied des Schwans der
Rue d'Amsterdam" (Heine zu Meißner).

Jetzt entstehen die tiefsten, leidgewaltigen Gedichte
Heines: der „Romanzero" und die Nachgelassenen Ge=
dichte. Im „Buch der Lieder" und den „Neuen Ge=
dichten" hatte er „die Variation desselben kleinen The=
mas", „die Historien von Amor und Psyche in allerlei
Gruppierungen" gestaltet, im Zwiespalt seines wurzel=
losen Lebens und Liebens ironisch zersetzt, epigrammatisch
zugespitzt, artistisch erklügelt. Er war der Apostel des
Fleisches gewesen, der Prophet einer neuen leiblich=gei=
stigen Gott=Einheit, der „hier auf Erden schon das
Himmelreich zu errichten" dachte. Jetzt, daniedergeworfen,
verdammt zum grauenhaftesten, achtjährigen Zwischen=
zustand von Geist und Körper, von Tod und Leben, ver=
kümmert und zertrümmert, bewegungslos „wie eine
Holzpuppe mit abgezehrten, zusammengekrümmten Bei=
nen", jetzt schreit er aus den Tiefen des Elends und der
Verlassenheit seine Klagen und Anklagen an das Schick=
sal, wie Hiob aus Asche und Eiter schreit er gegen den
furchtbaren, unentrinnbaren, unergründlichen Gott der
Willkür und der Rache, den Gott des Alten Testamentes,
vor dem er sich niederwirft. Es ist eine Rückkehr zum
Gott seiner Väter, ohne Erlösung, ohne Liebe, ohne
Freiheit, die willenlose, fatalistische Resignation des
Orients: „Wenn ich auch an einen Gott glaube, so glaube

ich doch manchmal nicht an einen guten Gott. Die Hand dieses großen Tierquälers liegt schwer auf mir."

Nun wird er zum Sänger des Leids, zum erschütterten und erbitterten Anwalt seiner Brüder, der Blutenden, Elenden, der Kreuzträger des Schicksals; das sind die „Historien" des „Romanzero", das ist der Lauf der Welt, und in den Todesschrei dieser Besiegten gellen „Paukenschläge und Gelächter" der Besitzenden, die im Tanz das goldene Kalb umwirbeln. Und über Weh und Zwiespalt der Welt, über diesen dunkel aufstürmenden Chor hebt sich in den „Lamentationen" einzeln und gell die klagende Stimme des Dichters und singt ihr gespenstisches Lied:

> Erstorben ist in meiner Brust
> Jedwede weltlich eitle Lust,
> Schier ist mir auch erstorben drin
> Der Haß des Schlechten, sogar der Sinn
> Für eigne wie für fremde Not —
> Und in mir lebt nur noch der Tod!

„Welche Gedichte sind das" — rief Meißner, dem Heine sie zum Lesen gegeben — „nie noch haben Sie dergleichen geschrieben und ich habe noch nie dergleichen Töne gehört." „Nicht wahr?" fragte Heine und richtete sich mit aller Mühe ein wenig auf seinem Kissen auf, indem er mit dem Zeigefinger seiner blassen, blutlosen Hand das geschlossene Auge ein wenig öffnete — „nicht wahr? Ja, ich weiß es wohl, das ist schön, entsetzlich schön! Es ist eine Klage wie aus einem Grabe; da schreit ein Lebendigbegrabener durch die Nacht."

Nur ein Sehnsuchtslaut schleicht sich schüchtern in die schrille Wildheit dieser Strophen:

Noch einmal, eh mein Lebenslicht
Erlöschet, eh mein Herze bricht —
Noch einmal möcht ich vor dem Sterben
Um Frauenhuld beseligt werden.

— — —
— — —

Möcht ich noch einmal lieben, schwärmen
Und glücklich sein — doch ohne Lärmen.

Mehr ein Seufzer als ein Wunsch waren diese Verse
der „armen, unbegrabenen Leiche." „Abermals war die
Einsamkeit um ihn gewachsen" — berichtet Meißner — „er
selbst empfand, daß seine Agonie zu lange dauere und das
kostbare Mitleid der Zeitgenossen sich in der Länge der
Zeit verflüchtige. Französische Freunde von ehemals
sprachen oft ein halbes Jahr lang nicht vor. In einer Stadt
der Freuden, wie Paris es ist, wer mag da viel an ein
Krankenbett denken, in gesperrte Luft treten, die Pein und
das Elend eines solchen Menschenlebens anschauen?"

Da, acht Monate vor seinem Tode, erfüllt sich seine
Sehnsucht, sein Traum wird Wahrheit: das Leben, die
Jugend, die Liebe erscheint in seiner Gruft, die siebenund-
zwanzigjährige „Mouche", „ein Mädchen von seltener geistiger Anlage, in dessen anmutigem Wesen sich der französische Esprit mit deutscher Innerlichkeit in reizender Weise
verband" (Meißner). Noch einmal darf er „um Frauenhuld werben"; in zärtlichen, erschütternden Billetdoux
stammelt der Lebendigbegrabene Liebeserklärungen an
die „Mouche", an das Leben: „Holde Freundin! — Liebste
holde Freundin! — Holdes Herz! — Liebste Seele! —
Liebste! — Liebste Heloise!" „Ich liebe Sie mit tot-

kranker, innigster Zärtlichkeit." „Du bist meine liebe Mouche, und ich fühle minder meine Schmerzen, wenn ich an Deine Zierlichkeit, an die Anmut Deines Geistes denke." „Bin sehr elend. Hustete schrecklich 24 Stunden lang; daher heute Kopfschmerz, wahrscheinlich auch morgen. — Deshalb bitte ich die Süßeste statt morgen (Donnerstag) lieber Freitag zu mir zu kommen. Ich werde fast wahnsinnig vor Ärger, Schmerz und Ungeduld. Ich werde den lieben Gott, der so grausam an mir handelt, bei der Tierquälergesellschaft verklagen. Ich rechne auf Freitag. Unterdessen küsse ich in Gedanken die kleinen pattes de mouche. Dero wahnsinniger H. H." „Ich bin sehr elend und zum Tode verdrießlich. Auch das Augenlid meines rechten Auges fällt zu und ich kann fast nichts mehr schreiben. Aber ich liebe Dich sehr und denke viel an Dich, Du Süßeste." Und ein Billett trägt die — jetzt befremdende, rührende — Unterschrift, die er wohl keiner Frau im Leben vergönnt hat: „Liebend und getreu."

Die „Mouche" saß an seinem Bette und las ihm vor, sie übernahm die Tätigkeit des erkrankten Sekretärs, sie arbeitete mit an einer französischen Übersetzung seiner Gedichte. Und er plauderte mit ihr von seinem Leben, seiner Jugend. In den müden Pausen aber „lag wohl Heine — so erzählt die „Mouche" in ihren Erinnerungen — mit halbgeschlossenen Augen da, streckte seinen Arm aus und bat mich, meine Hand in die seine zu legen, die er nun so fest umschloß, als ob es in meiner Macht stände, ihn dem Tode zu entreißen. So wolle er sich, sagte er, wobei der Klang seiner Stimme eine eigentümliche Schärfe annahm, an das fliehende Leben klammern."

Manchmal empfindet der Kranke die „Mouche" als jene innerste, wahre, urnotwendige Liebe, die das Schicksal ihm vorenthalten, als seine „Wahlverlobte", er weiß, daß sie füreinander bestimmt waren, vereinigt wäre ihnen alles Glück, jetzt konnte ihnen nur Untergang beschieden sein, er muß scheiden, und sie muß verwelken, welken ohne geblüht, sterben, ohne gelebt zu haben. Ein Abschiedsschrei von schauerlicher Zerrissenheit schrillt aus ihm auf:

>Du weinst und siehst mich an und meinst,
>Daß du ob meinem Elend weinst —
>Du weißt nicht Weib! Dir selber gilt
>Die Trän', die deinem Aug' entquillt.
>O sage mir, ob nicht vielleicht
>Zuweilen dein Gemüt beschleicht
>Die Ahnung, die dir offenbart,
>Daß Schicksalswille uns gepaart?
>Vereinigt wär' uns Glück hienieden,
>Getrennt, nur Untergang beschieden.
>
>Im großen Buche stand geschrieben,
>Wir sollten uns einander lieben.
>Dein Platz, er sollt an meiner Brust sein,
>Hier wär erwacht dein Selbstbewußtsein:
>Ich hätt' dich aus dem Pflanzentume
>Erlöst, emporgeküßt, o Blume,
>Empor zu mir, zum höchsten Leben —
>Ich hätte dir eine Seele gegeben.
>
>Jetzt, wo gelöst die Rätsel sind,
>Der Sand im Stundenglas verrinnt —
>O weine nicht, es mußte sein —
>Ich scheide und du welkst allein,

Du welkſt, bevor du noch geblüht!
Erlöſcheſt, eh du noch geglüht;
Du ſtirbſt, dich hat der Tod erfaßt,
Bevor Du noch gelebet haſt.

Ich weiß es jetzt: Bei Gott! Du biſt es,
Die ich geliebt. Wie bitter iſt es,
Wenn im Momente des Erkennens
Die Stunde ſchlägt des ewgen Trennens!
Der Willkomm iſt zu gleicher Zeit
Ein Lebewohl! Wir ſcheiden heut
Auf immerdar. Kein Wiederſehn
Gibt es für uns in Himmelshöhn.

Die Schönheit iſt dem Staub verfallen,
Du wirſt zerſtieben, wirſt verhallen.
Viel anders iſt es mit Poeten;
Die kann der Tod nicht gänzlich töten.
Uns trifft nicht weltliche Vernichtung.
Wir leben fort im Land der Dichtung,
In Avalun, dem Feenreiche —
Leb wohl auf ewig, ſchöne Leiche!

Auch dieſe einzige Erfüllung in Heines Leben iſt voll dämoniſchen Wehs, voll grauſamer Sehnſucht. „Ein Toter, lechzend nach den lebendigſten Lebensgenüſſen! Das iſt ſchrecklich" (an die Mouche). In wilder Ironie höhnt er über die Ohnmacht ſeiner Liebe, die „ſtatt des befruchtenden Lebens" der Liebſten „nur ein Gedicht", nur „Worte, gemünzte Luft" zu geben vermag. Aber dann beſeligt und verſöhnt ihn wieder ihr totverklärtes Glück, das Leuchten vor dem Untergang. Wenige Wochen vor ſeinem Tode gibt er ihr in unſagbar ſchwermütiger

Schöne dichterische Gestalt, in einer Vision von edelster
Größe stellt er das kurze Traum- und Todesglück dieser
Liebe in den endlosen Zwiespalt seines Lebens, in den
Zwiespalt der Welt hinein, mitten in die Bilder und Trümmer des Griechentums, Judentums, Christentums, in
ihren schrillen, unversöhnlichen, ewigen Kampf: eine
mondbeglänzte Sommernacht über marmornen Ruinen;
einsam ragende Säulen, niedergesunkene Portale und
Giebeldächer mit mannigfachen Skulpturen, die Mensch
und Tier vermischen: Zentauren, Sphinxen, Satyrn.
Und inmitten dieser Fabelzeitfiguren ein unversehrter,
offener Marmorsarkophag, von Karyathiden gehalten,
darin ein toter Mann mit leidend sanften Mienen. Des
Sarges Seiten zeigen in Basrelief eine Fülle gegensätz-
licher Gestalten: die Götter des Olymp leuchten neben
den Heroen der Bibel, Paris und Helena neben Moses
und Aron, Trojas Brand und Jovis Liebesabenteuer
neben Sinai, dem Berg des Gesetzes, Diana und Her-
kules neben dem Knaben Jesus im Tempel, Satanas
neben Petrus mit den Schlüsseln des Himmelreiches.
Heine selber ist der tote Mann in Sarge.

Zu Häupten aber meiner Ruhestätt
Stand eine Blume, rätselhaft gestaltet,
Die Blätter schwefelgelb und violett,
Doch wilder Liebreiz in der Blume waltet.

Solch eine Blum an meinem Grabe stand,
Und über meinen Leichnam niederbeugend,
Wie Frauentrauer, küßt sie mir die Hand,
Küßt Stirne mir und Augen, trostlos schweigend.

Das Volk nennt sie die Blume der Passion
Und sagt, sie sei dem Schädelberg entsprossen,
Als man gekreuzigt dort den Gottessohn,
Und dort sein welterlösend Blut geflossen.

Du warst die Blume, du geliebtes Kind,
An deinen Küssen mußt ich dich erkennen.
So zärtlich keine Blumenlippen sind,
So feurig keine Blumentränen brennen!

Geschlossen war mein Aug', doch angeblickt
Hat meine Seel' beständig dein Gesichte.
Du sahst mich an, beseligt und verzückt
Und geisterhaft beglänzt im Mondenlichte.

Wir sprachen nicht, jedoch mein Herz vernahm,
Was du verschwiegen dachtest im Gemüte —
Das ausgesprochne Wort ist ohne Scham,
Das Schweigen ist der Liebe keusche Blüte.

Lautloses Zwiegespräch! Man glaubt es kaum,
Wie bei dem stummen, zärtlichen Geplauder
So schnell die Zeit verstreicht im schönen Traum
Der Sommernacht, gewebt aus Lust und Schauder.

Was wir gesprochen, frag es niemals, ach!
Den Glühwurm frag, was er dem Grase glimmert,
Die Welle frage, was sie rauscht im Bach,
Den Westwind frage, was er weht und wimmert.

Frag, was er strahlet, den Karfunkelstein,
Frag, was sie duften, Nachtviol und Rosen —
Doch frage nie, wovon im Mondenschein
Die Marterblume und ihr Toter kosen.

— — —

Am Tage vor Heines Tode kam die Mouche zum letztenmal zu ihm. Abschiedsahnung durchschüttert ihn: "Plötzlich rief er mich zu sich heran, und ich mußte mich auf den Rand seines Bettes setzen. ‚Nimm deinen Hut ab, damit ich dich besser sehen kann', sagte er. Und mit einer liebkosenden Gebärde zog er an meinem Hutbande." Noch einmal blickt er dem Leben, das aufschluchzend über den Tod seines kecksten Sängers am Bette niedergleitet, in das geliebte Antlitz. Dann legt er ihm schweigend, segnend die Hand aufs Haupt. Es ist der Segen "Ritter Olafs", des Todgeweihten, der — in Heines schönster Ballade — vor Beil und Block, die auf ihn warten weil er des Königs Töchterlein in freier Lust genossen, seinen letzten Segen über das Leben spricht, seinen Liebesdank an alles Lebendige:

>Ich segne die Sonne, ich segne den Mond,
>Und die Stern', die am Himmel schweifen.
>Ich segne auch die Vögelein,
>Die in den Lüften pfeifen.
>
>Ich segne das Meer, ich segne das Land,
>Und die Blumen auf der Aue,
>Ich segne die Veilchen, sie sind so sanft
>Wie die Augen meiner Fraue.
>
>Ihr Veilchenaugen meiner Frau,
>Durch euch verlier ich mein Leben!
>Ich segne auch den Hollunderbaum,
>Wo du dich mir ergeben.

Diotima

Hölderlins Diotima

Waren Friederike Brion und Ulrike von Levetzow Symbol des morgendlich-mailichen Lebens, war die „Mouche" das Leben selber, das Dasein schlechthin am Rand eines Grabes, so war Susette Gontard — „Diotima" genannt, nach der Priesterin in Platons „Gastmahl", die Sokrates das Wesen der Liebe gelehrt — für Hölderlin das Symbol des überirdischen, göttlichen Lebens; in der Welt des Unzulänglichen war sie ihm Bürge und Gegenwart des Vollkommenen, in der Zwiespältigkeit und Zerrissenheit des Zeitlichen war sie ihm der „Friede der Schönheit, göttlicher Friede."

Susette Gontard stammte aus Hamburg und hieß mit ihrem Mädchennamen Borkenstein, sie war am 7. Februar 1769 geboren, ihr Vater, Kommerzienrat Hinrich Borkenstein, ein angesehener Kaufmann und Verfasser einer Lokalkomödie „Der Bookesbeutel", starb in ihrem zehnten Jahr; so lebte sie mit ihrer Mutter, deren Abgott sie war, ein zartes, stilles, reines, verträumtes Frauenleben, dem Dichtung und Musik die Seele gaben. Die Mutter war befreundet mit Klopstock. Und dessen erdenfremde Gefühlsinnigkeit war ihnen wesensnah. Als Jakob Friedrich Gontard, der Sproß einer angesehenen Frankfurter Bankiersfamilie, 1786 um Susettens Hand anhielt, gewährte man sie ihm unter der Bedingung, daß Mutter und Tochter nie voneinander getrennt würden. Aber der Hochzeitstag war voll schmerzlicher Vorahnung. Seiner festlichen Auffahrt begegnete der Leichenzug einer im Wochenbett gestorbenen Frau. Dies war der Anlaß für die innerliche, nur furchtsam ins fremde Leben tretende Braut, in unaufhaltsame Tränen auszubrechen. Und Klopstock, Hölderlins dichterischer Vorgänger, war es, dessen Zureden allein es gelang, die düstren Bilder zu verscheuchen, die Fassungslose zu beruhigen.

Gontard war der übliche Frankfurter Geschäftsmann. Sein Wahlspruch war: „les affaires avant tout!" Er war nicht ohne Gutmütigkeit, doch hatten alle möglichen Kinderkrankheiten eine frühe Reizbarkeit in ihm geweckt, so daß er sich als Knabe in einem erregten Moment mit einer in der Hand gehaltenen Gabel unheilbar ins rechte Auge stieß. Er war ganz Diesseits-Mensch, ganz nach außen gerichtet. Die innere Welt, das Reich der Dichtung, der Musik, des frommen Gefühls waren ihm fremd.

So mußte die Ehe zu einem bloßen Nebeneinander werden, das nur durch Frau Susettes stillen Adel vor einem Gegeneinander bewahrt wurde. Ihr seelisches Leben führte Susette mit der Mutter weiter. 1793 raffte diese der Brustkrebs hin.

Zwei Jahre darauf, im Dezember 1795, trat Hölderlin, dessen Hyperion-Fragment in Schillers „Neuer Thalia" Frau Susette bekannt geworden war, als Hauslehrer in die Familie ein. Hölderlins Wesenheit und Entwicklung war der Susettes verwandt. Auch er war eine metaphysische Natur, war vaterlos im stillen Frieden einer Mutter aufgewachsen, voll Einheit, Reinheit und Liebe. Auch ihm war Klopstock — und der wesensnahe junge

Schiller — der Klang seiner Jugend gewesen. Auch er war — durch die harten, pedantischen Klosterschulen Denkendorfs und Maulbronns — aus der Knospeneinfalt seiner Kindertage in seine Innenwelt zurückgedrängt worden. Das Tübinger Stift hatte ihn dann im Humanismus seines Lehrers Philipp Conz, seiner Freunde Hegel und Schelling eine Brücke gebaut: jenes Reich der idealen Harmonie, das er verloren, es ist nicht, aber es war und es wird sein. Es war in der Frühlingszeit der Menschheit, im Griechentum, es wird sein in der neuen Menschheit, die Rousseau, die französische Revolution, Kant, die Klassiker vorbereitet haben. In gereifter, bewußter Harmonie wird diese die ursprüngliche, unbewußte Harmonie und Schönheit der Griechenwelt erneuern.

Diese Weltanschauung war aus Lehren und Büchern, aus allgemeinen Ideen übernommen, nicht aus Erfahrungen erwachsen. Bevor er den Menschen kennen und verstehen gelernt, hatte Hölderlin sich an die Menschheit verloren; bevor er das Einzelne erfaßt, hatte er sich dem Allgemeinen zugewandt. „Ich hange nicht mehr so warm an einzelnen Menschen. Meine Liebe ist das Menschengeschlecht, freilich nicht das verdorbene, knechtische, träge, wie wir es nur zu oft finden auch in der eingeschränktesten Erfahrung. Ich liebe das Geschlecht der kommenden Jahrhunderte ... Ich möchte ins Allgemeine wirken; das Allgemeine läßt uns das Einzelne nicht gerade hintansetzen, aber doch leben wir nicht so mit ganzer Seele für das Einzelne, wenn das Allgemeine einmal ein Gegenstand unserer Wünsche und Bestrebungen geworden ist" (Spätsommer 1793 an den Bruder).

So waren auch die Gedichte dieser Jahre in Schillers Pathos und Rhythmus der Menschheit, der Freiheit, der Kühnheit, der Freundschaft: den Idealen der neuen Menschheit gewidmet, begeisterte Ideendichtungen, deren Gehalt entlehnt und durch übergesetzte Zitate aus Kant, Rousseau, Heinse bezeichnet war.

Ein erster Versuch, diese allgemeinen Empfindungen und Anschauungen an der Wirklichkeit zu prüfen und durchzusetzen, in einer Hofmeisterstelle bei Frau von Kalb, war fehlgeschlagen. Sein Zögling, den er um seiner Schönheit willen zuerst wie ein werdendes Ideal, einen Bürger der neuen Menschheit geliebt hatte, verriet bald Mängel in seiner Geistes- und Herzensbildung, besondere unglückliche Veranlagungen, gegen die er vergebens kämpfte, die ihn zerrütteten und entmutigten. Und der Zauber Frau von Kalbs, der vielgebildeten Weltdame, der schwärmerischen Freundin Schillers und Jean Pauls, stieß ihn in weglose Unruhen. Besiegt und geschlagen war er im Frühsommer 1795 in die Heimat seiner Kindheit zurückgeflüchtet. „Das Unbestimmte meiner Lage, meine Einsamkeit und der Gedanke, daß ich hier allmählich ein lästiger Gast werden möchte, drückt mich nieder." „Das Mißfallen an mir selbst und dem was mich umgibt, hat mich in die Abstraktion hineingetrieben." „Ich friere und starre in den Winter, der mich umgibt. So eisern mein Himmel ist, so steinern bin ich."

Da ruft im Dezember 1795 ihn eine neue Hofmeisterstelle nach Frankfurt ins Haus des Bankiers Gontard. Und nach einem Vierteljahre schreibt er seinem Freunde Neuffer: „Mir geht es so gut wie möglich. Ich lebe sorgenlos, und so leben ja die seligen Götter", und nach wieder einem Vierteljahr: „Ich bin in einer neuen Welt. Ich konnte wohl sonst glauben, ich wisse, was schön und gut sei, aber seit ich's sehe, möcht ich lachen über all mein Wissen. Lieber Freund! Es gibt ein Wesen auf der Welt, woran mein Geist Jahrtausende verweilen kann und wird, und dann noch sehn, wie schülerhaft all unser Denken und Verstehn vor der Natur sich gegenüber findet. Lieblichkeit und Hoheit, und Ruh und Leben, und Geist und Gemüt und Gestalt ist Ein seliges Eins in diesem Wesen. Du kannst mir glauben, auf mein Wort, daß selten so etwas geahndet, und schwerlich wieder gefunden wird in dieser Welt. Du weißt ja, wie ich war, wie mir Gewöhnliches entleidet war, weißt ja, wie ich ohne Glauben lebte, wie ich so karg geworden war mit meinem Herzen, und darum so elend; konnt ich werden wie ich jetzt bin, froh wie ein Adler, wenn mir nicht dies, dies Eine erschienen wäre, und mir das Leben, das mir nichts mehr wert war, verjüngt, gestärkt, erheitert, verherrlicht hätte mit seinem Frühlingslichte? Ich habe Augenblicke, wo all meine alten Sorgen mir so durchaus töricht scheinen, so unbegreiflich wie den Kindern." Und acht Monate später, im Februar 1797: „Ich habe eine Welt von Freude umschifft, seit wir uns nicht mehr schrieben. Ich hätte Dir gerne indes von mir erzählt, wenn ich jemals stille gestanden wäre und zurückgesehn hätte. Die Woge trug mich fort; mein ganzes Wesen war immer zu sehr im Leben, um über sich nachzudenken. Und noch ist es so! noch bin ich immer glücklich wie im ersten Moment. Es ist eine ewige, fröhliche, heilige Freundschaft mit einem

Wesen, das sich recht in dies arme, geist- und ordnungslose Jahrhundert verirrt hat! Mein Schönheitssinn ist nun vor Störung sicher. Er orientiert sich ewig an diesem Madonnenkopfe. Mein Verstand geht in die Schule bei ihr, und mein uneinig Gemüt besänftiget, erheitert sich täglich in ihrem genügsamen Frieden."

Susette Gontard ist Hölderlins erstes und einziges Erlebnis. Aber was erlebt er? Die Wirklichkeit? In ihr erlebt er das Überwirkliche! Das Vollkommene, das Göttliche, das er bisher nur erlesen, erkannt, übernommen hatte, daran er schließlich zweifelvoll, „ohne Glauben" geworden war, das erlebt, erliebt er in ihr. Sie ist ihm das „Götterkind", „des Himmels Botin":

  Wie die Seligen dort oben,
  Wo hinauf die Freude fliegt,
  Wo, des Daseins überhoben,
  Wandellose Schöne blüht,
  Wie melodisch bei des alten
  Chaos Zwist Urania,
  Steht sie, göttlich rein erhalten,
  Im Ruin der Zeiten da.

„Ich hab es Einmal gesehen, das Einzige, das meine Seele suchte, und die Vollendung, die wir über die Sterne hinauf entfernen, die wir hinausschieben bis ans Ende der Zeit, die hab ich gegenwärtig gefühlt. Es war da, das Höchste, in diesem Kreise der Menschennatur und der Dinge war es da!"

Die Wirklichkeit wird ihm durch sie nicht näher, nein, noch ferner gerückt; das „geist- und ordnungslose Jahrhundert", der „Ruin der Zeiten" wird ihm noch deutlicher, noch verächtlicher durch ihre Vollkommenheit. Aber sie berühren ihn nicht mehr, durch sie ist er der Unzulänglichkeit des Irdischen entrückt:

> Da, wo keine Macht auf Erden,
> Keines Gottes Wink uns trennt,
> Wo wir Eins und Alles werden,
> Da ist nun mein Element;
> Wo wir Not und Zeit vergessen
> Und den kärglichen Gewinn
> Nimmer mit der Spanne messen,
> Da, da weiß ich, daß ich bin.

Frau Susettes ungewöhnliche Schönheit ist uns durch eine Büste, ein Relief, ein Portrait, durch nahe Überlieferung bezeugt, sie wird als „eine vollendete Schönheit von edler, griechischer Gestalt" geschildert, „ihr langes, schwarzes Haar und ihr sprechendes Auge von gleicher Farbe erhöhten nur um so mehr die blendende Weiße ihres Teints, und je länger man die wundervollen Formen dieser Gesichtsbildung betrachtete, je mehr steigerte sich der bezaubernde Eindruck, den das Imponierende dieser Erscheinung auf einen Jeden machte, der sich ihr nahte." Hölderlin versucht sie nach vierzehn Monaten innigsten Beieinanderlebens dem Freunde zu schildern: „Nur ihr Bild möcht ich Dir zeigen, und so brauchte es keine Worte mehr! Sie ist schön wie ein Engel. Ein zartes, geistiges, himmlischreizendes Gesicht! Ach! ich könnte ein Jahrtausend lang in seliger Betrachtung mich und alles vergessen bei ihr, so unerschöpflich reich ist diese anspruchslose stille Seele in diesem Bilde! Majestät und Zärtlichkeit, und Fröhlichkeit und Ernst, und süßes Spiel und hohe Trauer und Leben und Geist, alles ist in und an ihr zu Einem göttlichen Ganzen vereint." Welch eine Unwirklichkeit der Schilderung! Nicht ein farbiger, plastischer Zug, wo doch ungewöhnliche Farben und Formen zur Bezeichnung drängten. Nichts als seelisch-geistige Werte und Worte. Und die Schilderung Diotimas im „Hyperion" ist nicht anders. Hölderlin erlebte die Schönheit der Geliebten nicht als farbige, plastische Wirklichkeit — „Es ist oft unmöglich, vor ihr an etwas Sterbliches zu denken und eben deswegen läßt so wenig sich von ihr sagen." — sondern als ein Überwirkliches, als das Symbol des Vollkommenen, des Göttlichen im Universum: „Friede der Schönheit! Göttlicher Friede!"

Daß er nicht mehr von der Sehnsucht nach dem Göttlichen, sondern von seiner Gegenwart erfüllt war, daß er nicht mehr ersehnte, was ihm in der Idee überliefert war, daß er es erlebte, erlebte in Diotima, das war die Geburtsstunde seiner Dichtung. Bisher hatten Klopstock und Schiller ihm Form und Gehalt gegeben. Jetzt rauscht der neue Lebens- und Weltgehalt noch einmal in den achtzeiligen Strophen Schillers auf:

> Diotima, selig Wesen!
> Herrliche, durch die mein Geist,
> Von des Lebens Angst genesen,
> Götterjugend sich verheißt,
> Unser Himmel wird bestehn!
> Unergründlich sich verwandt
> Hat sich, eh wir uns gesehen,
> Unser Innerstes gekannt. — — —

Dann aber schafft der neue Gehalt sich die neue, eigene Form. Die vergebene Umwandlung und Übersteigerung der Begriffe zur lebendigen Wirklichkeit, die sehnsuchtsgejagte, pathetische Unruhe der Rhythmen verebbt. Im edlen Ebenmaß, in der „himmlischen Genügsamkeit" Diotimas, in der liebenden und geliebten Gegenwart des Göttlichen lösen sich die Rhythmen und Bilder und klingen in griechischen, frei und notwendig erneuerten Versmaßen, in Distichen, in alkäischen und asklepiadäischen Strophen wieder auf. Alles ist Leben, Seele, Gegenwart, aber nicht die plastische Gegenwart des Wirklichen, sondern die musikalische des Überwirklichen. Auch die Bilder sind Musik, bewegte Seele.

An Diotima

Götter wandelten einst bei Menschen, die herrlichen Musen
Und der Jüngling Apoll, heilend, begeisternd wie du.

Und du bist mir wie sie, als hätte der Seligen einer
Mich ins Leben gesandt, geh ich, es wandelt das Bild

Meiner Heldin mit mir, wo ich duld' und bilde, mit Liebe
Bis in den Tod; denn dies lernt ich und hab ich von ihr.

Laß uns leben, o du, mit der ich leide, mit der ich
Innig und gläubig und treu ringe nach schönerer Zeit.

Sind doch wir's! Und wüßten sie noch in kommenden Jahren
Von uns beiden, wenn einst wieder der Genius gilt,

Sprächen sie: Es schufen sich einst die Einsamen liebend,
Nur von Göttern gekannt, ihre geheimere Welt.

Denn die Sterbliches nur besorgt, hinab in den Orkus
Sank die Menge, doch sie fanden zu Göttern die Bahn.

Sie, die inniger Liebe treu und dem göttlichen Geiste,
Hoffend und duldend und still über die Trübsal gesiegt.

Auch Hölderlins Roman „Hyperion" gewinnt jetzt erst Leben. Waren doch auch seine Anfänge aus der Abstraktion, aus lebensferner Sehnsucht erwachsen. Ideal und Wirklichkeit waren in ihnen noch allgemein gegenüber gestellt, unberührt vom persönlichen Erleben der Welt. Und die Frauengestalt, die das Ideal verkörpern sollte — Melite im Entwurf der neuen Thalia, Diotima in „Hyperions Jugend" — war nur in der sehnsüchtigen Vorahnung der Geliebten, nur im schwindenden Ansatz gestaltet. Beidemale bebte der Dichter vor der Schilderung erfüllter, gegenseitiger Liebe zurück. Melite ist von Hyperion geliebt wie ein heiliges, unerreichbares Vorbild, Diotima kommt ihm näher, wird ihm „Schwester meines Herzens", verheißend dämmert in ihr Susette Gontards Wesen und Wirkung auf: „Es ist nichts, was sich nicht in der Nähe eines solchen Geschöpfs beseelte für einen Sinn wie der meinige war." Dann bricht das Fragment jäh ab. Erst die Geliebte konnte es lebendig ausfüllen und vollenden. Sie tritt in die Umrisse Diotimas ein. Ihre Liebe wird zur Grundmelodie des Buches. „Liebste", schrieb ihr Hölderlin bei der Übersendung des zweiten Bandes, „alles, was von ihr [Diotima] und uns, vom Leben unseres Lebens hie und da gesagt ist, nimm es wie einen Dank!" Und in den zweiten Band schreibt er die Widmung: „Wem sonst als Dir!"

Susette Gontard erlebte und erliebte Hölderlin nicht anders denn er sie: als ein Symbol, als die Gegenwart des Überwirklichen, des Göttlichen: „Du hältst mich empor und führst mich den Weg zur Schönheit" (6. II. 1799). Was sie als Mädchen in Klopstock und seiner Dichtung gesucht, was ihr in der Enttäuschung und Qual ihrer Ehe zu entgleiten gedroht, was sie im Hyperion-Fragment der Thalia neu erkannt, das war ihr in Hölderlin groß und schicksalhaft gegenwärtig. Bald hatten ihre Herzen sich offenbart. Und als sie im Juni 1796 mit Hölderlin und den Kindern vor den Franzosen nach Kassel und Bad Driburg flüchten mußte, da strahlte für ein Vierteljahr die Blütezeit dieser Liebe auf.

Die Heimkehr aber zeigte immer deutlicher und schmerzlicher, daß der Unendlichkeit dieser Liebe im Endlichen keine dauernde Stätte sei. Das Göttliche mußte sich vor dem Irdischen wie schuldvoll bergen, die Heiligkeit ihrer Empfindung verhüllen vor dem Geschäfts- und Ehemann, der nach Susettes Tode sich noch zweimal vermählte. Schon am 16. Februar 1797 stöhnt Hölderlin in einem Briefe an Neuffer: „Ich habe schon oft genug geweint und gezürnt über unsere Welt, wo das Beste nicht einmal in einem Papiere, das man einem Freunde schickt, sich nennen darf." Was hilft es ihm, daß er im Hyperion sein ideales Recht auf diese Liebe mit heiligem Stolze verteidigt; „Wo ist das Wesen, das wie meines sie erkannte? In welchem Spiegel sammelten sich so wie in mir die Strahlen dieses Lichts? Erschrak sie freudig nicht vor ihrer eigenen Herrlichkeit, da sie zuerst in meiner Freude sich gewahr ward? Ach! wo ist das Herz, das so wie meines sie erfüllte und von ihr erfüllt war, das so einzig da war, ihres zu umfangen, wie die Wimper für das Auge da ist." Furchtbarer denn je zuvor tut sich ihm hier die Kluft zwischen dem Endlichen und Ewigen auf. Am 10. Juli 1797 schreit er aus dem Abgrund der Qualen Neuffer zu: O Freund! ich schweige und schweige, und so häuft sich eine Last auf mir, die mich am Ende fast erdrücken, die wenigstens den Sinn unwiderstehlich mir verfinstern muß... O gib mir meine Jugend wieder! Ich bin zerrissen von Liebe und Haß!" Im Februar 1798 klagt er dem Bruder, müde bis in den Tod: „Ich spreche wie einer, der Schiffbruch gelitten hat... Ich suche Ruhe, mein Bruder... Ich suche nur Ruhe."

Er war rechtlos hier nach den Gesetzen des Tages, er drohte auch würdelos zu werden: „Der unhöfliche Stolz, die geflissentliche tägliche Herabwürdigung aller Wissenschaft und aller Bildung, die Äußerungen, daß die Hofmeister auch Bediente wären, daß sie nichts besonders für sich fordern könnten, weil man sie für das bezahlte, was sie täten usw. und manches andre, was man mir, weil's eben Ton in Frankfurt ist, so hinwarf — das kränkte mich, so sehr ich suchte mich darüber wegzusetzen doch immer mehr... wenn Sie sehen könnten, auf welchem Grad besonders die reichen Kaufleute in Frankfurt durch die jetzigen Zeitumstände erbittert sind, und wie sie jeden, der von ihnen abhängt, diese Erbitterung entgelten lassen, so würden Sie erklärlich finden, was ich sage" (an die Mutter 10. Okt. 1798).

Immer gebieterischer taucht die Notwendigkeit der Trennung vor ihm auf, immer verzweifelter wehrt er sich gegen sie. In Rhythmen voll dunkelsten Lebens, voll gewaltiger Tragik ringt er nach Rettung:

> Trennen wollten wir uns? wähnten es gut und klug!
> Da wir's taten, warum schreckte, wie Mord, die Tat?
>   Ach! wir kennen uns wenig,
>   Denn es waltet ein Gott in uns.
>
> Den verraten? ach ihn, welcher uns alles erst,
> Sinn und Leben erschuf, ihn, den beseelenden
>   Schutzgott unserer Liebe,
>   Dies, dies Eine vermag ich nicht.
>
> Aber anderen Fehl denket der Menschen Sinn,
> Andern ehernen Dienst übt er und anders Recht,
>   Und es fordert die Seele
>   Tag für Tag der Gebrauch uns ab.
>
> Weh! ich wußt' es zuvor. Seit der gewurzelte
> Allentzweiende Haß Götter und Menschen trennt,
>   Muß, mit Blut sie zu sühnen,
>   Muß der Liebenden Herz vergehn.
>
> Laß mich schweigen! o laß nimmer von nun an mich
> Dieses Tödliche sehn, daß ich im Frieden doch
>   Hin ins Einsame ziehe,
>   Und noch unser der Abschied sei!
>
> Reich die Schale mir selbst, daß ich des rettenden
> Heil'gen Giftes genug, daß ich des Lethetranks
>   Mit dir trinke, daß alles,
>   Haß und Liebe, vergessen sei! — — —

In diesen Wochen schreibt Hölderlin den zweiten Band des Hyperion und in ihm die Seelenmusik dieser Liebe.

Schon im ersten Bande hatte er sie aller irdischen Bedingtheit enthoben. Nicht Diotimas vollendet schöne Gestalt, nicht ihr gebundenes Wort, ihr Gesang allein offenbarte ihm die Metaphysik ihres Wesens: "Worte sind hier umsonst, und wer nach einem Gleichnis von ihr fragt, der hat sie nie erfahren. Das Einzige, was eine solche Freude auszudrücken vermochte, war Diotimas Gesang, wenn er in goldner Mitte zwischen Höhe und Tiefe schwebte." "Wir sprachen wenig zusammen. Man schämt sich seiner Sprache. Zum Tone möchte man werden und sich vereinen in Einem Himmelsgesang." Nicht in der endlichen, körperlichen Welt der Sprache und der Bilder war ihre Heimat, sie lebten in der Welt der Klänge, die vor und über aller Erscheinung ist. "Nur in den ewigen Grundtönen seines Wesens lebte jeder," Diotima war "vereint mit mir in allen Tönen des Lebens".

Die Fessel der Vereinzelung bricht, die körperlichen Hüllen sinken — "und wir und alle Wesen schwebten, selig vereint, wie ein Chor von tausend unzertrennlichen Tönen, durch den unendlichen Äther".

Diese Liebe ist allem Schicksal entrückt. Ihr endliches Teil mag fallen, muß fallen. Gegenüber der Unzulänglichkeit des Seins gilt Diotimas Wort an Hyperion, "daß du im Grunde trostlos bist", gilt Diotimas Erkenntnis: "Wem einmal so wie dir die ganze Seele beleidigt war, der ruht nicht mehr in einzelner Freude, wer so wie du das fade Nichts gefühlt, erheitert in höchstem Geiste sich nur, wer so den Tod erfuhr wie du, erholt allein sich unter den Göttern." Doch über Leid und Tod und Trennung hebt sich triumphierend ihr unsterbliches Wesen: „Der echte Schmerz begeistert. Wer auf sein Elend tritt, steht höher. Und das ist herrlich, daß wir erst im Leiden recht der Seele Freiheit fühlen." „Was lebt, ist unvertilgbar, bleibt in seiner tiefsten Knechtsform frei, bleibt Eins, und wenn du es zerreißest bis auf den Grund, und wenn du bis ins Mark es zerschlägst, doch bleibt es eigentlich unverwundet, und sein Wesen entfliegt dir siegend unter den Händen."

Muß auch Diotima sterben: „ein Feuer in mir hat mählich mich verzehrt" — es ist das göttliche Feuer, das er selber in ihr befreit hat, „vor dem das Leben der Erd' erblaßt' und schwand wie Nachtlampen im Morgenrot". Sie ist ihm vorausgeflogen, ein Teil seines selbst, ihn um so tiefer dem göttlichen All zu verknüpfen, dem er bald mit ihr eins sein wird. „Wir sind nicht geschieden, Diotima, und die Tränen um dich verstehen es nicht. Lebendige Töne sind wir, stimmen zusammen in deinem Wohllaut, Natur! wer reißt den? wer mag die Liebenden scheiden? Wie der Zwist der Liebenden sind die Dissonanzen der Welt. Versöhnung ist mitten im Streit, und alles Getrennte findet sich wieder." — — —

Ende September 1798 verließ Hölderlin nach einer stolzen, schroffen Auseinandersetzung mit dem Hausherrn das Haus Gontard und begab sich bis zum Mai 1800 nach dem nahen Homburg, wo sein Freund Sinclair als Legationsrat des Landgrafen von Hessen-Homburg wohnte.

„In beständiger Arbeit" sucht er seine „Ruhe wieder zu finden", sich am Wohllaut des Guten und Wahren und Schönen zu sammeln und stillen." Aber die Unbarmherzigkeit des Täglichen, nicht das eigene, das Leid der Geliebten reißt immer wieder roh die Wunden auf: "... Deine Krankheit, dein Brief", schreibt er ihr in einem gewiß nicht abgeschickten Entwurf, "es trat mir wieder, so sehr ich sonst verblinden möchte, so klar vor die Augen, daß Du immer, immer leidest, — und ich Knabe kann nur weinen drüber! — Was ist besser, sage mir's, daß wir's verschweigen, was in unserm Herzen ist, oder daß wir uns es sagen! — Immer hab ich die Memme gespielt, um Dich zu schonen, habe immer getan, als könnt ich mich in alles schicken, als wär ich so recht zum Spielball der Menschen und der Umstände gemacht und hätte kein festes Herz in mir, das treu und frei in seinem Rechte für sein Bestes schlüge, teuerstes Leben! habe oft meine liebste Liebe, selbst die Gedanken an Dich mir manchmal versagt und verleugnet, nur um so sanft wie möglich, um Deinetwillen dies Schicksal zu durchleben, — Du auch, Du hast immer gerungen, Friedliche! um Ruhe zu haben, hast mit Heldenkraft geduldet, und verschwiegen, was nicht zu ändern ist, hast Deines Herzens ewige Wahl in Dir verborgen und begraben, und darum dämmerts oft vor uns, und wir wissen nicht mehr, was wir sind und haben, kennen uns kaum noch selbst; dieser ewige Kampf und Widerspruch im Innern, der muß Dich freilich langsam töten, und wenn kein Gott ihn da besänftigen kann, so hab ich keine Wahl, als zu verkümmern über Dir und mir, oder nichts mehr zu achten als Dich und einen Weg mit Dir zu suchen, der den Kampf uns endet."

In heiliger Empörung lodert er auf:

> Wenn ich sterbe mit Schmach, wenn an den Frechen nicht
> Meine Seele sich rächt, wenn ich hinunter bin,
> > Von des Genius Feinden
> > Überwunden, ins feige Grab — — —

Aber dann vertosen die Stürme und im tiefsten Gefühl seines metaphysischen Selbst schreibt er auf die Rückseite dieses Briefentwurfs:

> Reines Herzens zu sein
> Das ist das Höchste,
> Was Weise ersannen,
> Weisere taten.

Die göttliche Stille, Reinheit und Liebe der Allnatur nimmt seine wunde Seele lösend auf. „Ich wohne", schreibt er der Schwester, „gegen das Feld hinaus, habe Gärten vor dem Fenster und einen Hügel mit Eichbäumen, und kaum ein paar Schritt in ein schönes Wiesental. Da geh ich dann hinaus, wenn ich von meiner Arbeit müde bin, steige auf den Hügel und setze mich in die Sonne und sehe über Frankfurt in die weiten Fernen, und diese unschuldigen Augenblicke geben mir dann wieder Mut und Kraft zu leben und zu schaffen. Liebe Schwester! es ist so gut, als ob man in der Kirche gewesen wäre, wenn man so mit reinem Herzen und offenem Auge Licht und Luft und die schöne Erde gefühlt hat."

Aus dieser ehrfürchtig-liebenden Einheit der All- und Einzelseele, dieser gerade in Diotima erliebten Gewißheit der reinen Gegenwart Gottes in der Natur erblühen jetzt die schönsten, leidverjöhnten Oden Hölderlins, er-

blüht die wundervollste Liebesklage unserer Dichtung:
"Menons Klage um Diotima."

Großes zu finden, ist viel, ist viel noch übrig, und wer so
Liebte, gehet, er muß, gehet zu Göttern die Bahn.

Susette Gontard war an der Seite des fremden Gatten zurückgeblieben, inmitten der Frankfurter Gesellschaft, die nach Hölderlins Wort aus "lauter ungeheuren Karrikaturen" bestand. "Man begegnet mir", schreibt sie Hölderlin, "sehr höflich, bietet mir alle Tage neue Geschenke, Gefälligkeiten und Lustpartieen an; allein von dem, der das Herz meines Herzens nicht schonte, muß, die kleinste Gefälligkeit anzunehmen, mir wie Gift sein." "Dieser gewaltige Schlag des Schicksals hat mich ganz in mich selbst gekehrt." Sie geht in keine Gesellschaft mehr, sitzt im ruhigen Stübchen zwischen ihren Blumen, näht und strickt und träumt, während die Kinder um sie lärmen, den Traum ihrer Liebe; abends verliert sie sich in die Briefe, die Gedichte, den Hyperion des Geliebten. "Könntest Du fühlen, wie Dein schönstes Bild oft lebendig in mir aufblüht, dann würdest Du auch fühlen, wie alles, alles, was mich umgibt, ihm weichen muß, und wie jede leise Empfindung in mir die große einzige für Dich nur weckt und mich ganz Dir hingibt." Auch ihre Seele zittert unter der Qual des Täglichen, aber auch sie bleibt sich der ewigen Werte bewußt, die darüber triumphieren: "Was wir leiden müssen, ist unbeschreiblich, aber auch, warum wir's leiden müssen." Sie hat einen heimlichen Briefwechsel mit Hölderlin eingerichtet. "Denn den Gedanken, so nah wie wir noch zu leben und nach solcher Innigkeit garnichts von einander zu hören und wissen zu wollen, konnte ich nicht fassen." Jeden ersten Donnerstag im Monat kommt Hölderlin nach Frankfurt, um Briefe zu bringen und zu holen. Im Sommer können sie an der Hecke des Vorstadthauses sich dabei einen Augenblick wiedersehen. Aber die entwürdigende Heimlichkeit dieses Vorgehens verletzt und quält ihre edle Reinheit. Sie vermag nicht einmal, ruhig an den Briefen zu schreiben: „Der Gedanke, man kömmt! stört alles in mir."

Sie weiß, daß „diese Beziehung der Liebe in der wirklichen Welt, die uns einschließt, nicht durch den Geist allein bestehet, auch die Sinne (nicht Sinnlichkeit) gehören dazu. Eine Liebe, die wir ganz der Wirklichkeit entrücken, nur im Geist noch fühlen, keine Nahrung und Hoffnung mehr geben könnten, würde am Ende zur Träumerei werden." Einmal im Monat, einmal im Halbjahr, einmal im Jahre nur möchte sie sich die Gewißheit des Wiedersehens retten. Und vermag es nicht: „Ich fühlte es lebhaft, daß ohne Dich mein Leben hinwelkt und langsam stirbt, und zugleich weiß ich gewiß, daß jeder Schritt, den ich tun könnte, Dich auf eine heimliche, ängstliche Art zu sehen, mit allen den Folgen, die er haben könnte, ebensosehr an meiner Gesundheit und meiner Ruhe nagen würde." So bleibt ihr nichts, als gleich Hölderlin-Hyperion sich über das flüchtige Dasein zu erheben: „Die unsichtbaren Beziehungen dauern doch fort und das Leben ist kurz." Wie Hölderlin-Hyperion rettet sie sich in die Gewißheit ihres metaphysischen Wiederfindens, ihrer unzerstörbaren, metaphysischen Liebeseinheit: „Auch wenn ich den Tod schon im Inneren fühlte, würde ich sagen: sie [die Natur] weckt mich wieder, sie gibt mir alle meine Gefühle wieder, die ich treu bewahrte und die mein sind, die nur der Druck des Schicksals mir nahm: aber sie siegt, sie bereitet aus Tod mir neues, schöneres Leben, denn der Keim der Liebe liegt tief und unaustilgbar in meinem Wesen."

Im Mai 1800 mußte Hölderlin Homburg verlassen, um wieder als Hauslehrer sein Brot zu suchen. Nun beginnen die letzten Irrfahrten des Verklärten über die Pfade der Endlichkeit: Stuttgart, Hauptwyl, Bordeaux. Dorther kehrt er zurück in endlosen Fußmärschen, verstört, „von Apollo geschlagen". Da trifft ihn die Nachricht von Diotimas Tod (22. Juni 1802). Eine Kinderkrankheit, die Röteln, die ihre Kinder überstanden, hatte genügt, ihren müden Lebenswillen zu brechen. In um so höherer Entrückung hebt sich Hölderlin über die dürftige Zeit, er wird zum Priester und Seher einer neuen Menschheit. In dunkelgewaltigen, prophetischen Hymnen singt er die Heimkehr der Götter. Die schreckhaft große Vision der Zeitenwende brennt in ihm und schlägt als Flamme aus seinem Munde. Herakles, Bacchus, Christus kehren wieder. Apokalyptisch dämmert Patmos auf. Vom Indus, über den Parnaß, über Italiens Opferhügel schwingt sich der Adler, der Bote des Höchsten, an Germania, „die stillste Tochter Gottes", die Botschaft der Berufung zu bringen, der neuen Menschheit. Ihr eilt sein Geist entgegen, die verstörten Fragmente seines Irdischen lassend: seiner und Diotimas wesenhafter Heimat zu.

Literatur

Die meisten Kapitel ergänzt: Philipp Witkop, Die deutschen Lyriker von Luther bis Nietzsche. 2 Bände. Leipzig 1921.

zu Elisabeth Goethe:

Karl Heinemann, Goethes Mutter. Leipzig 1891.

J. Höffner, Frau Rat Elisabeth Goethe. 2. Aufl. 1912, Bielefeld.

Die Briefe der Frau Rat Goethe, hrsg. von Albert Köster, 2 Bände, Leipzig 1904.

Dieselben in Auswahl von Albert Köster, Leipzig; von Eduard von der Hellen, Stuttgart; von C. Schüddekopf, Berlin.

Erich Schmidt, Charakteristiken, Berlin 2. Aufl. 1902, Bd. 1, Seite 239—261 Frau Rat Goethe.

zu Elisabetha Keller:

Emil Ermatinger, Gottfried Kellers Leben. Mit Benutzung von Jakob Bächtolds Biographie dargestellt. Stuttgart 1915.

Gottfried Kellers Briefe und Tagebücher, 2 Bände, hrsg. von Emil Ermatinger, darin in vielen Anmerkungen Briefe der Mutter. Stuttgart 1915.

August Steiger, Gottfried Kellers Mutter. Ein Büchlein fürs Volk. 3. Aufl. Zürich 1919.

zu Cornelia Goethe:

Georg Witkowski, Cornelia, die Schwester Goethes, mit ihren Briefen und Tagebuchblättern. Frankfurt a. M. 1903.

Heinrich Düntzer, Frauenbilder aus Goethes Jugendzeit. Stuttgart 1852.

Ludwig Geiger, Dichter und Frauen, Berlin 1896.

Alfred Nicolovius, J. G. Schlossers Leben und literarisches Wirken. Bonn 1844.

Eberhard Gothein, J. G. Schlosser als badischer Beamter, Heidelberg 1899.

M. N. Rosanow, J. M. R. Lenz, aus dem Russischen von C. von Gütschow, Leipzig 1909.

Briefe von und an J. M. R. Lenz, hrsg. von Karl Freye und Wolfgang Stammler, 2 Bände, Leipzig 1918.

zu Ulrike von Kleist:

H. von Kleists Werke, hrsg. von Erich Schmidt, 5. Band: Briefe. Leipzig.

H. von Kleists Gespräche, hrsg. von Biedermann, Leipzig 1912.

Wilhelm Herzog, H. von Kleist, München 1912.

Philipp Witkop, H. von Kleist, Leipzig 1921.

zu Christiane von Goethe:

Goethes Briefwechsel mit seiner Frau, hrsg. von Hans Gerhard Gräf, Frankfurt a. M. 1916.

Hans Gerhard Gräf, Goethes Ehe in Briefen, eine Auswahl des vorigen Werkes, Frankfurt a. M. 1921.

Etta Federn, Christiane von Goethe, München 1916.

zu Marianne Immermann:

Ludmilla Assing, Gräfin Elisa von Ahlefeldt, die Gattin Lützows, die Freundin Karl Immermanns. Berlin 1857.

Karl Immermann, Sein Leben und seine Werke aus Tagebüchern und Briefen an seine Familie zusammengestellt. Hrsg. von Gustav zu Putlitz, 2 Bände, Berlin 1870.

Karl Immermann, Eine Gedächtnisschrift zum 100. Geburtstage des Dichters, Hamburg und Leipzig 1896.

Familien-Nachrichten für die Nachkommen A. H. Franckes. Viertes und fünftes Stück, Halle a. S. 1915, Seite 1—41. Aufzeichnungen Marianne Immermanns von ihr selbst und ihrer Tochter.

Harry Maync, Immermann. München 1921.

Harry Maync, Gräfin Elise von Ahlefeldt im Leben Lützows und Immermanns. Internationale Monatsschrift 1916 Heft 1 u. 2.

Harry Maync, Aus Immermanns Liebesleben. Deutsche Rundschau 1920. Heft 3.

Werner Deetjen, Gräfin Elise von Ahlefeldt. Westermanns Monatshefte. 1922 April.

Werner Deetjen, Immermanns Gattin, Unveröffentlichte Briefe. Die Literarische Gesellschaft, Hamburg, Jahrg. 3, Heft 4.

zu Christine Hebbel:

Emil Kuh, Hebbel, 3. Aufl. Wien 1912.

R. M. Werner, Hebbel, 2. Aufl. Berlin 1913.

Albrecht Janssen, Die Frauen rings um F. Hebbel, Berlin 1919.

Hebbels Tagebücher (4 Bände) und Briefe (8 Bände) hrsg. von R. M. Werner, Berlin 1903 usw.

zu Friederike Brion:

Wilhelm Bode, Die Schicksale der Friederike Brion vor und nach ihrem Tode, Berlin 1920, gibt ausführliche Literaturangaben und -besprechungen der ganzen Friederiken-Literatur. Doch ist Friederikens Verhältnis zu Lenz falsch dargestellt, indem Bode Lenzens briefliche Selbstillusionen wörtlich nimmt. Und Goethes Verhältnis zu Friederike ist der tragische Kern ausgebrochen.

Friedrich Gundolf, Goethe. Berlin 1917.

zu Heines Mouche:

Camilla Selden, Heinrich Heines letzte Tage. Jena 1884.

Alfred Meißner, Heinrich Heine, Erinnerungen, Hamburg 1856.

G. Karpeles, Heinrich Heine. Leipzig 1899.

Friedrich Hirth, Heine und die Mouche. Sonntagsbeilage der Vossischen Zeitung 1914, Seite 68—71.

Fritz Mauthner, Gespräche im Himmel. München 1914, Seite 59 bis 93, Heinrich Heine.

Alfred Gold, Heines Mouche. Berliner Tageblatt 1921, Nr. 131.

zu Hölderlins Diotima:

Die Briefe der Diotima, hrsg. von C. Viëtor, Leipzig 1921.

Hölderlins Briefe, 4. Band der Werke hrsg. von Frd. Seebaß und H. Kasack 1921.

Carl Jügel, Das Puppenhaus, Bruchstücke aus den Erinnerungen und Familienpapieren eines Siebzigers. Neu hrsg. von Dr. W. Pfeiffer-Belli. Frankfurt 1921.

www.ingramcontent.com/pod-product-compliance
Lightning Source LLC
Chambersburg PA
CBHW020947230426
43666CB00005B/208